U0107198

洪培生 摄

章太炎讲述系列

章太炎
讲文字与文学

董婧宸——编

上海人民出版社

目 录

导读 ...1

论语言文字之学 ...1

小学略说（上） ...20

小学略说（下） ...43

论中国语言统系之演讲 ...59

论文字的通借 ...67

白话与文言之关系 ...72

驳中国用万国新语说 ...78

论汉字统一会 ...96

《新方言》序 ...101

《小学答问》序 ...105

《文始》叙例 ...107

讲文学 ...114

文章流别 ...130

文学略说 ...137

与人论文书 ...158

论式 ...161

辨诗 ...167

导　读

　　在中国近代波澜壮阔的历史舞台上，被鲁迅誉为"有学问的革命家"的章太炎，无疑是众多学者中极为特殊的一位。章太炎的研究领域，涵盖了传统经学、小学、史学、子学、文学、佛学、医学等诸多方面。梳理章氏的学术历程，从早年的肄经属文，到壮年投身革命，写所向披靡的战斗文字，再到晚年退居讲学，传统小学和文学这两个方面，是章太炎一以贯之、不断积累并最终有所突破的重要领域。本书从章太炎的演讲、论著、文集中，选编了章太炎讨论文字学和文学的相关篇目①。以下，简要地介绍章太炎文字学和文学的研究历程、学术宗旨和学术主张，并略述本书的选目原则，以为读本书者参考。

一

　　章太炎视文字学为学术研究的根基，而章太炎研究文字学的起

---

　　①　需要说明的是，本书所说的"文字学"，其实笼统地包括章太炎讨论语言文字学的诸多方面，并不仅仅限于狭义的文字研究。章太炎在《论语言文字之学》中曾指出，"今欲知国学，则不得不先知语言文字。此语言文字之学，古称小学"。在古代目录学中，探讨文字、音韵、训诂之学，被称为"小学"，近代以来，以章太炎为代表的学者将"小学"定为"语言文字学"。探讨中国古代的语言情况，无论是考察文字还是音韵、训诂、语法，又离不开书面的文字记载，因此，这里采用"文字学"，以涵括相关的领域。

点，则是和其早年治经有关。在章氏《自定年谱》"光绪十一年十八岁"条下，曾如是追忆其读书经历：

> 初读唐人九经义疏，时闻说经门径于伯兄籛，乃求顾氏《音学五书》、王氏《经义述闻》、郝氏《尔雅义疏》读之，即有悟。自是一意治经，文必法古。眩厥未愈，而读书精勤，晨夕无间。逾年又得《学海堂经解》，以两岁细览卒业。

从年轻时，章太炎便得长兄章炳森（籛）之指导，遵循着清代朴学的说经门径——自唐人义疏入手，重汉唐经学，而非宋明理学；自顾炎武《音学五书》入手，踏入清代古音学；自王引之《经义述闻》、郝懿行《尔雅义疏》入手，步入清代训诂学；进而辅以《学海堂经解》，走入清代考据学。青年时期的读书经历，奠定了章太炎醇正的治学路数，而他后来也继续深化了自顾炎武、戴震、段玉裁、王念孙、郝懿行以来的语言文字学研究。东渡日本之后，他多次讲授文字学，并著成《新方言》《小学答问》《文始》等一系列专著，并将讨论语言文字学的单篇论文，集结收入《国故论衡》小学卷。同时，他也参与到和汉字简化、拼音文字的笔战之中，并为后来注音字母的草创打下了基础。从学术影响看，章太炎既是乾嘉学术的殿军，也是传统语言文字学走向现代的奠基人。

在《自述学术次第》中，章太炎曾专列一节，追忆其治小学的相关经历：

> 余治小学，不欲为王菉友辈，滞于形体，将流为《字学举隅》之陋也。顾、江、戴、段、王、孔音韵之学，好之甚深，终以戴、孔为主。明本字，辨双声，则取诸钱晓徵。既通其理，亦犹所歉然。在东闲暇，尝取二徐原本，读十余过，乃知戴、段而

言转注，犹有泛滥，由专取同训，不顾声音之异。于是类其音训，凡说解大同，而又同韵或双声得转者，则归之于转注。假借亦非同音通用，正小徐所谓引伸之义也（同音通用，治训故者所宜知，然不得以为六书之一）。转复审念，古字至少，而后代孳乳为九千，唐宋以来，字至二三万矣，自非域外之语（如伽、佉、僧、塔等字，皆因域外语言声音而造），字虽转繁，其语必有所根本。盖义相引伸者，由其近似之声，转成一语，转造一字，此语言文字自然之则也。于是始作《文始》，分部为编，则孳乳浸多之理自见，亦使人知中夏语言不可贸然变革。又编次《新方言》，以见古今语言，虽递相嬗代，未有不归其宗，故今语犹古语也。凡在心在物之学，体自周圆，无间方国，独于言文历史，其体则方，自以己国为典型，而不能取之域外。斯理易明，今人犹多惑乱，斯可怪矣。《新方言》不过七八百条，展转访求，字当逾倍。余成书以后，犹颇有所得者，今亦不能自续。

从学术宗旨来看，章太炎的语言文字学研究，有三个突出的特点：其一，在研究思路上，章太炎重视形音义结合的语言文字研究，反对狭义的、拘泥点画的文字研究。章太炎曾多次批评王筠（菉友）等人，认为此辈研究，拘泥点画，并非语言文字研究的正途。如《论语言文字之学》中，他言"若专解形体及本义者，如王菉友所作《说文释例》《说文句读》，只可称为《说文》之学，不得称为小学"。在与钱玄同的书信中，他也直言不讳地指出，"菉友以钟鼎改《说文》，勿论彝器真伪难知，且古文一字数体，形相仿佛者甚多，纵令彼形审正，宁知此形必讹？""菉友盖《说文》之郐荟也，今之妄托古籀者，虽承阮伯元、庄葆琛末流，亦以菉友为之冯翼。不然，言钟鼎者自钟

顾炎武《音学五书》书影。 顾炎武（1613—1682年），本名顾绛，字宁人，人称亭林先生，南直隶昆山（今江苏昆山市）人。 明末清初杰出的思想家、经学家、史地学家和音韵学家

王引之《经义述闻》书影。 王引之（1766—1834年），字伯申，号曼卿，江苏高邮人，清代著名学者

郝懿行《尔雅义疏》书影。 郝懿行（1757—1825年），字恂九，号兰皋，山东栖霞人，清代著名经学家、训诂学家

鼎，言《说文》者自《说文》，犹不至妄相弹射。""自今以后，小学恐分裂为二家，一主《说文》，一主款识，如水火之不相容矣"。在《救学弊论》中，章氏又批评了以金石收藏和研究著称的潘祖荫，"好铜器款识，而排《说文》，盖经史当博习，而《说文》有检柙，不可以虚言伪辞说也"——在章太炎的学术研究中，他始终对根据铜器铭文、甲骨文字改动《说文》，充满警觉和敌意。一方面，他认为王筠等人据金文款识所做的研究工作"滞于形体"，不足为训；另一方面，晚清民国的古器流通，大多掌握在古董商之手，章氏认为"真伪难知"，不可信从，故有《理惑论》一篇，专辨其非。反过来，章太炎称许的，是从传统材料出发，沿着以戴震为代表的形音义结合的方法，去推寻语言文字的发展轨迹。因此，在《论语言文字之学》中，他曾言"兼此三者，得其条贯，始于休宁戴东原氏"。在《国故论衡·理惑论》中，章氏亦言："夫治小学者，在乎比次声音，推迹故训，以得语言之本；不在信好异文，广征形体。"在章太炎的语言文字学研究中，章太炎也始终重视沟通音韵、训诂，并用以考求文字，他的三部代表作，《新方言》《小学答问》和《文始》中，也集中反映了他的这一学术理念。

其二，相较于清人零散、平面的研究，章太炎的语言文字研究，更加重视在语言文字的全面、历史溯源的研究。从学术渊源看，章太炎有良好的传统小学基础，也在中西碰撞的历史背景下，间接从日本流传的书籍中，接触到了西方历史语言学，从而关注语言的历史源流。在《论语言文字之学》中，章太炎指出，中国传统小学注重探讨词义引申、转注假借、同义异文，"这一种学问，中国称为'小学'，与那欧洲'比较语言'的学，范围不同，性质也有数分相近"。传统的语言文字学如何和历史语言学发生关联？章氏在《〈新方言〉序》

中明确指出："世人学欧罗巴语，多寻其语根，溯之希腊、罗甸；今于国语顾不欲推见本始，此尚不足齿于冠带之伦，何有于问学乎？"章氏认为，学习西方语言，多寻求语根，而研究中国语言时，亦当推求语根。在后来的《论中国语言统系之演讲》中，章太炎也总结道："研究中国语言统系，应从'寻源溯流'四字下手，因为语言文字，不是凭空而来的，是衍化而出的，是有根的。"在具体的实践工作中，章氏的《新方言》致力于寻找方言俗语的语根，这是寻源溯流；《小学答问》致力于沟通《说文》本字和后世文献之用字，这是由源及流；《文始》致力于以初文和准初文为起点，根据意义和语音演变的轨迹系联同源词，从而明确"字虽转繁，其语必有所根本"，这亦是由源及流。尽管在具体考据方面，章太炎所得出的结论未必尽是，但他确实无愧于一位从"寻源溯流"四字下手的学者。

　　其三，章太炎的语言文字学研究，绝非退于书斋里的学问，而是寄寓了章氏的爱国热情和现实关怀。在给弟子钟正楙的书信中，章太炎曾深情地感慨道："董理方言，令民葆爱旧贯，无忘故常，国虽苓落，必有与立。盖闻意大利之兴也，在习罗马古文，七八百岁而后建国，然则光复旧物，岂旦莫事哉？在使国性不黐，后人收其效耳。"在章氏看来，"言文历史，其体则方，自以己国为典型，而不能取之域外"，语言文字和历史，是一个民族的独有之学，研治本国的语言文字，能激发民众的爱国热情，并最终达到光复故国的革命理想——章太炎以自己的学养为基础，撰写的《驳中国用万国新语说》和《论汉字统一会》等文，正是这一思想的集中体现。而在《国故论衡·小学略说》中，章太炎亦道："小学者，国故之本，王教之端，上以推校先典，下以宜民便俗。"这里，所谓的"推校先典"，就是运用到小学考据的方法，梳理历史典籍，而"宜民便俗"，则是经世致用，以小学为现实政治提供坚实的文化依据。在章太炎从事学术和革命的一生中，他曾多次运用语言文字的考据，为其革命活动张本——1903年，章太炎在《苏报》上发表《驳康有为论革命书》，直斥光绪帝"载湉小丑，未辨菽麦"。"苏报案"发后，章氏在法庭答辩上，言"'小丑'两字，本作类字，或作小孩子解，并不毁谤"，这样的驳斥，以"丑，类也"的经典故训为依据，又不失幽默；1907年，章太炎先后在《民报》上发表《官制索隐》和《中华民国解》等文，在这些文章中，章氏亦从翔实的文字考据出发，考察古代职官的命名之由，探讨华、夏、汉等的词源，也由此提出革命主张，并规划未来的国家版图和政体设计。

从学术主张来看，章太炎在语言文字学的研究方面，也有新的推进。例如，传统六书中的"转注"和"假借"，是历代聚讼不已的问题，章太炎在这一方面，提出了新的见解，并应用于其词源的研究。本书选录的《论文字的通借》，就是他集中辨析通借和假借区别的一篇专文。而在词源研究方面，本书选录了他为《新方言》《小学答问》《文始》撰写的序言。章太炎曾在《国故论衡·小学略说》中道，"作《文始》以明语原，次《小学答问》以见本字，述《新方言》以一萌俗"。《文始》是章太炎从《说文》的初文出发，发明词源原理的重要专著，其中设立了包括"孳乳、变易、初文、准初文"在内的一系列新的术语；《小学答问》是章氏讲授《说文》后撰成的专书，反映出章氏对利用《说文》求本字、辨孳乳的认识；《新方言》则是章太炎利用方言资料考求本字、沟通古今的重要专著。在这些序言中，章氏对相关的术语、学术方法，也有提纲挈领的论述。此外，关于章氏对文言和白话、文字材料的认识，亦可以参考《白话与文言之关系》等篇。

1903 年 5 月,《苏报》刊载了邹容的《革命军》自序和章太炎所著《客帝篇》,公开倡导革命。 6 月,上海租界的工部局逮捕了章太炎,邹容也随后入狱,发生了震动一时的"苏报案"

二

近代以来,文学写作发生了巨大的转型——从延续数千年的文言文写作,到白话文的兴起,文学的范式和文学的定义发生了巨大的变化。在这一转折时期,章太炎或许是其中独特的存在——在清末民初,章太炎典雅而富有战斗性的文字,曾独树一帜,并在革命活动中有着深刻而广泛的影响。而到了新文化运动时,章门弟子的鲁迅、周作人、钱玄同等人,又是倡导文学革命的先锋。师生之间不同的文学理念,也是文学史上耐人寻味的话题。

鲁迅（1881—1936 年），原名周树人，浙江绍兴人。 著名文学家、思想家、民主战士，五四新文化运动的重要参与者，中国现代文学的奠基人。著有《狂人日记》《阿 Q 正传》等

钱玄同（1887—1939），浙江吴兴（今浙江湖州）人。 著名思想家、文字学家、新文化运动的倡导者。提倡文字改革，曾倡议并参加拟制国语罗马字拼音方案

周作人（1885—1967 年），浙江绍兴人，是鲁迅（周树人）之弟。 著名散文家、文学理论家、评论家、诗人、翻译家、思想家，中国民俗学开拓人

其实，章太炎的文学创作与文学观念，曾前后发生变化，关于这一点，亦见于其《自述学术次第》：

余少已好文辞，本治小学，故慕退之造词之则，为文奥衍不驯，非为慕古，亦欲使雅言故训，复用于常文耳。犹凌次仲之填词，志在协和声律，非求燕语之工也。时乡先生有谭君者，颇从问业，谭君为文，宗法容甫、申耆，虽体势有殊，论则大同矣。三十四岁以后，欲以清和流美自化，读三国两晋文辞，以为至美，由是体裁初变。然于汪、李两公，犹嫌其能作常文，至议礼论政则颣焉。仲长统、崔实之流，诚不可企。吴、魏之文，仪容穆若，气自卷舒，未有辞不逮意、窘于步伐之内者也。而汪、李局促相斯，此与宋世欧阳、王、苏诸家务为曼衍者，适成两极，要皆非中道矣。匪独汪、李，秦汉之高文典册，至玄理则不能言。余既宗师法相，亦兼事魏晋玄文，观夫王弼、阮籍、嵇康、裴颜之辞，必非汪、李所能窥也。尝意百年以往，诸公多谓经史而外，非有学问，其于诸子佛典，独有采其雅驯，摭其逸事，于名理则深恙焉。平时浏览，宁窥短书杂事，不窥魏晋玄言也。其文如是，亦应于学术耳。余又寻世之作奏者，皆知宗法敬舆，然平彻闲雅之体，始自东汉，讫魏晋南朝皆然，非敬舆始为之也。中书奏议，文益加详，一奏或至五六千字，若在后代，则览者易生厌倦。故宋时已有贴黄，清初且制全疏不得过三百字，斯由繁而不杀，成此穷反也。曾涤生窥摹陆公，颇复简约，其辞乃如房行制义，若素窥魏晋南朝诸奏，则可以无是过矣。由此数事，中岁所作，既异少年之体，而清远本之吴、魏，风骨兼存周、汉，不欲纯与汪、李同流。然平生于文学一端，虽有所不为，未尝极意菲薄，下至归、方、姚、张诸子，但于文格无点，波澜意度，非有昌狂偭规者，则以为学识随其所至，辞气从其所好而已。今世文学已衰，妄者皆务为骩骳，亦何暇訾议桐城义法乎？余作诗独为五言，五言者，挚仲洽《文章流别》，本谓俳谐倡乐所施，然四言自风雅以后，菁华既竭，惟五言犹可仿为。余亦专写性情，略本钟嵘之论，不能为时俗所为也。

从文学创作来看，章太炎一生中，虽然也有经人记录整理、文辞近于白话的讲稿发表，但其文章写作，则始终以文言为主。早年，他追慕韩愈之文，行文多用"雅言故训"，颇有佶屈聱牙之文风。时主讲诂经精舍的谭献，推崇清人汪中、李兆洛之文，而章氏此时持论，亦与谭献大体相合。概言之，章氏早期的写作，尤其注重文字辞气合于秦汉，在《膏兰室札记》"论近世古文家不识字"条下，章氏曾谓："凡曰古文者，非直以其散行而已，词气必合于秦汉以上，训诂必合于秦汉以上，然后可也。"而在《訄书》中，也展现出章氏熔裁经典、阃中肆外的笔法。中年以后，章太炎大量浏览三国两晋的文辞，尤其推重魏晋文章长于议论的特点，遂不再推崇汪、李之文，亦不喜欧阳修、王安石、苏轼等人的枝蔓为文，文章也为之一变，逐渐形成了"清远本之吴、魏，风骨兼存周、汉"的文风。东渡日本后，章太炎在《民报》《国粹学报》及《学林》等刊物上发表的文字，以及收入《国故论衡》和《太炎文录》中的文章，特别是其中的学术论文，多条理清晰而文辞清远，尤能体现出这一时期章太炎的文风转变。

从文学观念来看，章太炎曾于1902年在《新民丛报》发表《文学说例》一篇，该篇后经修订，以《正名杂义》为题，附入《訄书·订文》。其实，这篇文章虽题"文学"，而从初版的"说例"到改定的

《訄书》书影。《訄书》是章太炎第一部自选的学术论文集，书名的用意是述鞠迫言(穷蹙的环境迫使他非说不可的话)

篇题"正名"来看，全篇实际上是延续了清代以来的条例之学，又广泛吸收了自日本传来的文学、修辞学、社会学、宗教学的内容，从传统小学出发，讨论文学写作中用字、用词的相关条例。这篇与后来收入《太炎文录》的《文例杂论》类似，均为辨例而作，还不能算全面的文学讨论。1906 年东渡日本以后，他曾在国学讲习会讲授文学源流，讲稿初以《讲文学》为题，收入《国学讲习会略说》，后又以《文学论略》为题，刊于《国粹学报》丙午年（1906 年）第九至十一号。至 1910 年，章太炎又对这篇文章重加修订，改题《文学总略》，刊于《国粹学报》庚戌年（1910 年）第五号，并冠于《国故论衡》文学卷之首。这篇经过章太炎前后多次修订的文章，集中反映出章太炎对文学定义、文笔之辨、文学分类等核心命题的思考，也是章氏文学观点的核心纲领，其中的许多看法，适可与章氏晚年的《文章流别》《文学略说》等讲演相呼应。1909 年，章太炎又在民报社寓所为朱希祖、钱玄同、沈兼士、鲁迅、许寿裳等人讲授《文心雕龙》。作为中国古代文学批评的重要著作，《文心雕龙》中涉及了文学定义、文体流变等诸多重要的问题。章太炎讲授《文心雕龙》，也最终促成了《国故论衡》文学卷的完成——章氏讲授《文心雕龙》之《诸子》《论说》等篇，实为章太炎剖判议论文体的《论式》一篇的基础；章氏讲授《文心雕龙》之《辨骚》《明诗》《乐府》《诠赋》诸篇，与章太炎辨析赋、骚、诗、乐府等韵文文体的《辨诗》一篇多有契合；章氏讲授《文心雕龙》的《颂赞》《祝盟》《铭箴》《诔碑》《哀吊》诸篇，又与《正赍送》一篇可相印证。此外，在章太炎《菿汉微言》以及晚年的讲演中，也有一些梳理中国文学源流、阐明文学观点的文章。

总体说来，章太炎讨论文学，有两方面的突出特点：其一，就文学的定义而言，章太炎主张在《讲文学》中明确提出，"研论文学，以文字为准，不以彣彰为准"，"文之为名，包举一切著于竹帛者而言之，故有成句读之文，有不成句读之文，兼此二事，通谓之文"。亦即，章氏提出，凡是书写成文字的，不论是否有句读，皆可称为文。据许寿裳《亡友鲁迅印象记》，当时听课的弟子鲁迅，就曾和许寿裳评价道，"先生诠释文学，范围过于宽泛，把有句读的和无句读的悉数归入文学"。章太炎之所以采用这样看起来"范围过于宽泛"的标准，主要和章太炎对"文"及古代文献流传情况的认识有关——一方面，章太炎从传统小学出发，注重辨别名实。"文"本指用书写符号记录下来的内容，这样，章氏提出"有文字著于竹帛，故谓之文"，

"命其形质，则谓之文；状其华美，则谓之彣。凡彣者必皆成文，而成文者，不必皆彣"，"文"的含义，要大于包含文采的"彣"，所以，无论其是否文辞华美，内容是否表达情感、讨论学说，只要是书写成文字的，皆可纳入"文"的范围。另一方面，章太炎指出，"表谱之体，旁行邪上，件系支分。会计之簿录，算术之演草，地图之列名，此皆有名身而无句身。若此类者，无以动人之思想，亦无以发人之感情，此不得谓之文辞，而未尝不得谓之文也"——从文献源流看，自《史记》以来，历代纪传体正史，多含以表格形式排列历史大事的"表"类，而其余如家谱、簿录、草稿、地图等，其上皆有文字，而没有句读。这些内容，皆用文字记录，具有重要的文献价值。但如果把它们根据没有思想性、没有文学性的标准，将它们摒弃在"文"的范围之外，则意味着与"文"的含义矛盾。因此，章太炎的文学定义，始终以是否书有文字书写作为标准。当然，章氏的这一文学标准，既和《文选》《文心雕龙》等传统诸说拉开了距离，又和现代以来以小说、散文、诗歌、戏剧等虚构性体裁确立的文学标准相去甚远，在学术史上的回响不多。

其二，就文学评价而言，章太炎主张从中国文学发展演变的源流出发，分别审视不同文体的写作优劣。在《国故论衡·文学总略》中，章太炎即开宗明义，指出"有句读者，略道其原流利病，分为五篇"，这是说《国故论衡》文学卷中，《原经》《明解故》《论式》《辨诗》《正赍送》这五篇，章氏旨在分别梳理经、解故、论、诗、赍送这五类文章的发展脉络，并评骘各个文类的利病优劣——如就议论之文，章太炎提出，"夫持论之难，不在出入风议，臧否人群，独持理议礼为剧。出入风议，臧否人群，文士所优为也；持理议礼，非擅其学莫能至"，"夫忽略名实，则不足以说典礼；浮辞未殚，则不足以穷远致。"章氏认为，议论文这一类文体，其评价标准，在于能否辨别名理、议论典章，而不在洋洋洒洒、敷衍文辞。也正是基于这样的标准，章氏认为，秦汉文章尚有不足，唐宋之后则枝蔓恣肆，故"持论以魏晋为法"。而就抒情之文，章太炎则提出，诗、赋本同源，随后有所分别。其中，诗之体，"情性之用长，而问学之助薄"，"本情性、限辞语，则诗盛；远情性、喜杂书，则诗衰"，在章氏看来，"诗"这一类文体，其评价标准，在于能否抒发情性，而不在于旁征博引，因此，章氏认为，"由商周以迄六代，其民自贵，感物以形于声，余怒未渫，虽文儒弱妇，皆能自致"，"故中国废兴之际，枢于中唐，诗赋亦由是不竞"。也就是说，自商周到六朝，诗歌多能直抒胸臆，这一时期也是诗歌鼎盛的时代。与之相较，赋之体，可以上溯至《诗经》六义之"赋"，赋之体追求铺陈，因此与抒发情性的"风"有别——"风与雅、颂、赋所以异者，三义皆因缘经术，旁涉典记，故相如、子云小学之宗，以其绪余为赋"。章氏认为，雅、颂、赋的撰写，需要以学问为根基，以经术典记为底色，因此，像司马相如、杨雄这些饱学之士，才能撰写出润色鸿业的大赋。在章氏看来，"自诗赋道分，汉世为赋者多无诗。自枚乘外，贾谊、相如、杨雄诸公，不见乐府五言。其道与故训相俪，故小学亡而赋不作"，赋体因与典记故事有着紧密的关系，在汉代以后，随着小学之道的衰落，赋的创作也陷入低谷。可以看出，章太炎对不同时代、不同文体各有推崇，这和他梳理源流、辨别文体的工作密不可分。在章太炎的其他文章中，也曾多次提到他对中国文学发展演变的认识，而他也始终秉持着这样的文学观点。

三

在章太炎演讲、学术著作和文集中，涉及文字学和文学的篇目不少。兹编选录了能集中体现章太炎对文字学和文学整体认识的相关文章，尤以演讲为主。这主要是考虑到，反映章太炎在日本讲学的《国学讲习会略说》（1906 年）及《教育今语杂志》（1910 年），以及晚年在苏州讲学的相关文章（后收录入章念驰先生所编《章太炎全集·演讲集》），较为通俗平易，且多可与章太炎的学术著作对读。早在 1910 年《国故论衡》出版时，《教育今语杂志》就曾刊出广告，云《国故论衡》"本书分小学、文学、诸子学三类，本在学会口说，次为文辞"——结合章太炎弟子钱玄同、朱希祖、任鸿隽等人的日记和回忆来看，这个广告并非虚词。章太炎在日本期间，往往是先在国学讲习会讲授相关专书和内容，并撰成专文发表于《国粹学报》，后来，他讲授与小学、文学、诸子学有关的内容，就集结收入《国故论衡》，而其他主题的学术论文，则往往收入在《訄书》的修订版也就是《检论》之中。由此，这也意味着，要了解章太炎关于文字学和文学的主要观点，既可以阅读其学术著作，又可以从其学术演讲入手，且章氏的学术演讲，往往多可与其学术著作对读参看——如章太炎讲授文字学的篇目中，收入《国学讲习会略说》演讲的《论语言文字之学》，与章氏《国故论衡》中的《小学略说》《语言缘起说》等篇，实一脉相承并有所发展，而章太炎晚年演讲的《小学略说》，则是章太炎对其语言文字学、六书、转注假借、音韵、训诂等相关看法的总结之篇。又如，收入《教育今语杂志》的《论文字的通借》，可以视为章太炎对《转注假借说》一文详细讲解。再如，《论中国语言统系之演讲》中，章太炎讨论了如何利用转注、假借、孳乳等线索，对汉字汉语做寻源溯流的工作，而这也正是章太炎撰写《理惑论》及《文始》的夫子自道。而章太炎讲授文学的篇目中，从早年《讲文学》《文学论略》《文学总略》到晚年的《文章流别》《文学略说》，也涉及章太炎对文学性质、文学流变的整体认识。而《讲文学》《文学论略》和《文学总略》相较，正可以看出章太炎从讲稿到改定的前后变化。

章太炎（1869—1936），名炳麟，初名学乘，字枚叔，后改名绛，号太炎，浙江余杭人，清末民初民主革命家、思想家、著名学者，在哲学、文学、文字学、逻辑学等方面都有所建树，著述甚丰。章太炎精于文字学，视语言文字为民族文献的载体，并将中国传统"小学"冠以具备现代意义的名称——"语言文字学"

也正是考虑到上述因素，本书在从章太炎的《国故论衡》等论著中选录文章时，尽量避免与演讲的重复，因此，不再选录《国故论衡》中的《小学略说》《语言缘起说》《转注假借说》《文学总略》等篇，而是另外选取了《国故论衡》中单独阐述文体流变的《论式》《辨诗》二篇。另外，章太炎为《新方言》《小学答问》《文始》撰写的序言，虽然文辞古奥，索解不易，但由于这三篇实为章太炎文字学研究著作的纲领，故选入此编。另外，限于体例，一些影响较大但题涉专门的学术论文，如《成均图》《娘日二纽归泥说》《原经》《明解故》等，亦未予收录。

在章太炎手定的《太炎文录》和身后编纂的《太炎文录续编》中，也收录了一部分章氏讨论文字学、文学的相关篇目。在文字学方面，本书选录了《太炎文录》中的《驳中国用万国新语说》《论汉字统一会》二篇，这两篇文字作于 1907 至 1908 年间，初以《驳中国用万国新语说》和《汉字统一会之荒谬》为题，在《民报》发表，是章太炎积极参与汉字存废问题的论战文章，文辞犀利而又一针见血，其中所举之例，又多取自章氏同期撰成的《新方言》，反映出章氏的语言文字研究，既有深厚的学术底色，又饱含现实关切。在文学方面，《太炎文录》中的《与邓实书》和《与人论文书》，均是章氏讨论文章写作的重要文章，只是在《国故论衡·辨诗》中，章氏已引用了《与邓实书》的主体部分，故未再收录。

董婧宸

论语言文字之学

　　今欲知国学，则不得不先知语言文字。此语言文字之学，古称小学。盖古者八岁入小学，教之识字，其书与今《千字文》相类。周有《史籀篇》，秦有《苍颉篇》，汉有《凡将篇》《滂喜篇》《急就篇》，大抵非以四字为句，即以七字为句，取其便于诵习，故以小学为名。然自许叔重创作《说文解字》，专以字形为主，而音韵训诂属焉。前乎此者，则有《尔雅》《小尔雅》《方言》，后乎此者，则有《释名》《广雅》，皆以训诂为主，而与字形无涉。《释名》专以声音为训，其他则否。又自李登作《声类》，韦昭、孙炎作反切，至陆法言乃有《切韵》之作，凡分二百六韵。今之《广韵》，即就《切韵》增润者。此皆以音为主，而训诂属焉，其于字形略不一道。合此三种，乃成语言文字之学。此固非儿童占毕所能尽者，然犹名为小学，则以袭用古称，便于指示。其实，当名"语言文字之学"，方为确切。此种学问，《汉·艺文志》附入六艺。今日言小学者，皆似以此为经学之附属品，实则小学之用，非专以通经而已。周、秦诸子，《史记》《汉书》之属，皆多古言古字，非知小学者，必不能读。若欲专求文学，更非小学不可。汉时相如、子云，唐时韩、柳，皆通小学，故其文字阂深渊雅，迥非后人所及。中间东汉、六朝诸文学家，亦无不通小学者，一披《文选》便可略知梗概。然自中唐以后，小学渐衰。韩退之言："凡作

章太炎书《千字文》。《千字文》，南北朝时期梁朝周兴嗣编纂，是由一千个汉字组成的韵文。 全文为四字句，对仗工整，便于记诵，后来用为儿童启蒙读本

文字，宜略识字。"可知当日文人已多不识字者。自宋以来，欧、曾、王、苏诸家，皆于此事茫然不省。欧阳作《集古录》，虽于钟鼎彝器有所考征，而文字之原非其所识。曾氏长于校勘，但于形、声相近者，略施检点，其源流则非所知也。王、苏四家尤为可笑。王氏《字说》，恣意武断，苏氏问以"犇麤"二字，何不以从鹿者为奔，从牛者为粗？王遂不知所对。要之，二子本未读书，点画真俗，尚不能辨，近比欧、曾，又若一龙一猪矣。诗人当通小学，较之专为笔语者，尤为紧要。唐时李、杜无论矣。虽至两宋，诗人亦尚有见及此者。自元以下，此风亦绝。明时，七子宗法盛唐，徒欲学其风骨，不知温醇尔雅之风，断非通俗常言所能支配。清时王、朱二子，则又以运用僻典为能事，造字遣辞，不能由己，更佣猥不足道矣。要之，文辞之本，在乎文字，未有不识字而能为文者。加以不明训诂，则无以理解古书，胸中积理，自尔匮乏，文辞何由深厚？吾生几四十岁，所

见能文之士，大抵未能识字，扰扰焉作报章为策论者，固不足道。其在内地植根深固，称为文学大家者，亦或略读《说文》，粗明雅训，而终不能冰识理解，故但能用其浑沦固有之名词，而不能以己意分合，此则文学所以陵迟也。译书之事，非通小学者，亦不为功。所以者何？通行文字，所用名词，数不逾万，其字则不过三千而已，外来新理岂能以此包括？求之古书，未尝不有新异之名词，可相影合，然其所涵之义，究有不同。呼鼠寻璞，卒何所取？若非深通小学，何能恣意镕化？晋、唐之世，译佛典者，大抵皆通小学。今观玄应、慧琳二家所作《一切经音义》，慧苑所作《华严经音义》，征引小学诸书凡数十种，可见当时译经沙门，皆能识字。而文人之从事润色者，亦知遵修旧文而不穿凿。今则不然，略习制义程式，粗解苏、王论锋，投笔从戎，率尔译述。其文辞之诘诎，名义之不通，较诸周诰殷盘，益为难解。此新译诸书所以为人蔑视也。如上所说，则小学者非专为通经之学，而为一切学问之单位之学。

所谓小学，其义云何？曰字之形体、音声、训诂而已。《说文》所述，重在形体，其训诂惟是本义，而于引伸、假借，则在所略。然古今载籍，用本字本义者少，而用引伸、假借者多。若墨守《说文》，则非特于古籍难通，即近世常行之学，亦不得其解矣。是故引伸、假借之用，不得不求之《尔雅》《方言》诸书。虽然，凡假借者，必其声音相近，凡引伸者，亦大半从其声类，渐次变迁。而古韵今韵，往往殊异。古之同声者，在今则异；古之异声者，在今则同。而今字之引伸、假借，则非自今日始，率皆沿袭古初，一成不变。以今世音韵读之，觉此字与彼字音韵绝殊，何以得相引伸，何以得相假借？是故欲知引伸、假借之源，则不得不先求音韵。韵之善者，今世惟有《广韵》，次则《集韵》。虽其分合或有未当，沿流溯源，古韵庶几可得。以古韵读《说文》，然后知此之本字，即彼引伸、假借之字。以古韵读《尔雅》《方言》诸书，然后知此引伸、假借之字，必以彼为本字。能解此者，称为小学。若专解形体及本义者，如王菉友所作《说文释例》《说文句读》，只可称为"《说文》之学"，不得称为小学。若专解训诂，而不知假借、引伸之条例者，如李巡、孙炎之说《尔雅》、郭璞之注《尔雅》《方言》，只可称为"《尔雅》《方言》之学"，不得称为小学。若专解音声而不能应用于引伸、假借者，如郑庠之《古音辨》、顾宁人之《唐韵正》，只可称"古韵、《唐韵》之学"，不得称为小学。兼此三者，得其条贯，始于休宁戴东原氏。

如上所说，治小学者，实以音韵为入门。自顾宁人作《诗本音》，分东、支、鱼、真、萧、歌、阳、庚、蒸、侵，凡为十部。江慎修作《古韵标准》，分东、支、鱼、真、元、宵、歌、阳、庚、蒸、尤、侵、覃，凡为十三部。段若膺作《六书音韵表》，分之、萧、尤、侯、鱼、蒸、侵、覃、东、阳、庚、真、谆、元、脂、支、歌，凡为十七部。张皋文就十七部，分冬于东。王怀祖就十七部，分祭于脂；又分入声十月以下七韵，独为一部；侵之入声二十六缉以下三韵，覃之入声二十七合以下六韵，①皆各为一部。故就张氏所分，可成十八部。就王氏所分，可成二十一部。计实可得二十二部，曰：之、萧、尤、侯、鱼、蒸、冬、侵、覃、缉、合、东、阳、庚、真、谆、元、脂、祭、月、支、歌。之部所生有二派别，曰：萧、尤、侯、鱼为一类；蒸、冬、侵、覃、缉、合为一类。二类不同，而皆与之部为类。其他

---

① "合以下六韵"，原误作"以下十六韵"。

东、阳、庚为一类，真、谆、元、脂、祭、月为一类，支、歌为一类。凡同部者多可假借，凡异部者同为一类，有时亦可假借。此外双声亦可假借、引伸，准此。

或疑古韵不同于今韵。就古韵言，亦必有方音不同，何以十五国风韵皆一律？且古时未有韵书，而用韵皆能一致，此最不可解者。答曰：古无韵书，即以官音为韵书。今之官音，古称雅言。《论语》云："子所雅言，《诗》《书》执礼，皆雅言也。"雅言者，正言也。谓造次谈论，或用方音。至于讽诵《诗》《书》，胪传典礼，则其言必一出于雅正。国风异于谣谚，据《小序》说，大半刺讥国政，此非田夫野老所为，可知也。其他里巷细情，民俗杂事，虽设为主客，托言士女，而其词皆出文人之手。观于汉、晋乐府，可以得其例矣。田夫野老，或用方音，而士大夫则无有不知雅言者。故十五国风不同，而其韵部皆同。亦犹今时戏曲，直隶有京腔，山陕有梆子腔，安徽有徽调，湖北有汉调，四川有渝调，江西有弋阳调，虽各省方言彼此异撰，而戏曲则无不可以相通。大抵皆以官音为正，特其节奏有殊，感人亦异。此所以各成其腔调也。今之官音，岂有韵书规定，而演唱者皆能相合，则何疑于十五国风乎！

既知二十二部古韵之分，又当知有字母。字母云何？神珙所传三十六字母是也。略分八类。八又分九，曰喉音、牙音、舌头音、舌上音、正齿音、齿头音、轻唇音、重唇音及半舌半齿音。凡同母音谓之双声，即得引伸、假借。其非双声，而同一音位者，亦得互相通转。此事古今无大变迁，故韵学家亦无争论。好古者或谓古有双声，而无字母，此因字母出于《华严》，为沙门所传述。而双声反切，则自魏之孙炎、吴之韦昭已发其端。又孙恤作《唐韵序》，尚在字母未出以前，而其文已云：

> "纽其唇、齿、喉、舌、牙，部件而次之。"

又云：

> "切韵者，本乎四声，纽以双声叠韵。"

是字纽之名，先于字母。故矜古者，率以字母之名为卑鄙。此固无关紧要，然如郑樵《六书略》中，盛推《七音》，矜为神秘，遂为破坏韵学之端。故学者亦不得不竭力摧陷之矣。古今字母，虽无大异，而今之读轻唇者，于古率为重唇。如今音呼"父"为轻唇，而古音呼"父"如"哺"，则为重唇，不如此不得转为"爸"矣。今音呼"无"为轻唇，而古音读"无"为"模"，不如此魏、晋译经不得读"南无"为"曩模"矣。亦有古音重唇之字，今世读为轻唇，而常语则犹袭用古音之重唇者。如今音呼"风"而轻唇，而古音读"风"如"鹏"，则为重唇。然至今"鹏"字犹读重唇，而不读轻唇。（鹏、风本一字，见《说文》。）又如今音呼"敷"为轻唇，而古音读"敷"如"铺"，则为重唇。然至今言"铺陈"言"铺设"者，实皆"敷"字，而不读"敷"之轻唇音。是皆沿袭古音之证也。虽然，自轻唇重唇而外，古今大抵不殊，此皆不烦覼缕者也。若夫"赍""咨"、"涕""洟"皆叠韵，"齐""庄"、"中""正"皆双声，则昔人言之详矣。

二十二部以敛侈分，八音以清浊分。知此，则知引伸、假借各有范围，率履不越，于是语言文字之学，始有端绪可寻矣。于是当就形体言之。

形体云何？谓造字制形之本也。如《说文》云：

> "一曰指事。指事者，视而可识，察而见意，上丁是也。二曰象形。象形者，画成其物，随体诘诎，日月是也。三曰形声。

形声者，以事为名，取譬相成，江河是也。四曰会意。会意者，比类合谊，以见指抅，武信是也。五曰转注。转注者，建类一首，同意相受，考老是也。六曰假借。假借者，本无其字，依声托事，令长是也。"

由今观之，造字之法，惟属前四。抽象与普遍者，多用指事。具体与特别者，多用象形。指事之字，自上下而外，复有一、二、三、四、五、六、七、八、九、十等字。十干之中，除戊、庚、辛三字外，亦皆指事。其他指事之字绝少。大抵孳乳为字，皆用形声、会意矣。象形之字，虽云"画成其物"，然古文、小篆，又有不同。古文象形，如今工笔画。小篆象形，如今写意画。考之仪器，龟作𪓟，鸡字作𨾴，环字作⊖，宛然象其物色。小篆马字作𢒉，牛字作半，犬字作犬，鸟字作鳥，鱼字作魚，虽大致略似，惟能得其梗概。隶书改作整方，则截然不相似矣。凡物之单纯者，多用形声。凡义之复杂者，多用会意。惟可用形声者，必不可用会意。犬马之名，草木之号，山川之别，金玉之品，固无可以比类合谊者，故皆形声而无会意。然可用会意者，则亦可用形声。且如表德之言，武、信而外，仁、孝、敬、嵒等字，皆为会意。若忠、若恕、若勇、若强、若恭、若恪、若礼、若谊、若智、若哲、若严、若毅，悉用形声。毕竟会意字少，形声字多。以造字有难易，故亦有象形形声而兼会意者。如巢字从臼，象巢形，加木则兼会意矣。履字从舟（非舟楫字），舟象履形，加尸及彳夂则兼会意矣。先字从㞢，㞢象先形，加人则兼会意矣。又有象形而兼得声者。如包字从巳（非十二支之巳字），①巳象胎

① 两"巳"字，原皆作"己"，据文义改。

形，加勹则兼得声矣。𦉼字从医，医象华形，加舛则兼得声矣。复有象形而兼形声者。如齒字从𠚕，象形也，从口止声，则兼形声矣。龍字从𦚏，象形也，从肉童省声，①则兼形声矣。豐字从山（非山川字），象形也，从豆丰声，则兼形声矣。此类甚多。凡指事、象形、形声、会意，皆造字之法也。

用字之法则属后二。许说转注而以“考”、“老”释之，而其老部则云：“老，考也。”“考，老也。”以考注老，以老注考，是谓同意相受，是谓互训，是谓转注。虽然，训诂之用，以所见边推未所见边，然后易于了解。今若问曰：“老”义云何？答云：“老”即是“考”。又问曰：“考”义云何？答云：“考”即是“老”。如是互相绞纱，何由使人明白。然则转注之义，许实误解。实则所谓转注者，即是引伸之义。如发号为令，引伸则为县令。久远为长，引伸则为长者。许氏以此为假借，不知此乃转注也。又如“朋”即“鹏”字，亦即“凤”字，凤飞群鸟从以万数，故引伸为“朋党”字。“韦”本相背之义，以揉皮易于相背，故引伸为“皮韦”字。“弟”本韦束次第之义，以伯仲亦有次第，故引伸为“兄弟”字。“西”本鸟在巢上之义，以日落则鸟宿，故引伸为“东西”字。此皆属于转注者。如水流注展转不绝，故得转注之名。若夫假借之例，则所谓“依声托事”是已。然有本无其字，依声托事者，亦有本有其字，依声托事者。本无其字者，略有二种，一与转注相近，一与转注相远。其相近者，如古只有人字，东夷之人，蹲踞下体诘诎，于是又作儿字；人类相爱名曰人偶，于是又作仁字，或作𡰥形，亦即仁字。东夷性仁，由此𡰥形，用作夷

① “肉”，原作“月”。

字。其后复造从大从弓之夷字。凡诸仁者，性皆平均，夷转训平，于是又作侇字。若据古初诸义，皆已萌芽，诸形犹未造作，则惟一人字兼该无数训义。此即所谓转注也。其后渐制诸字，各有定形，则称古之专用人字者，名为本无其字，依声托事。如云"仁者，人也"，其下"人"字亦即"仁"字，属于假借矣。又如"夷"字造后，未造"侇"字，则以"夷"字兼该平义，此即所谓转注也。其后晚制"侇"字，则称古之专用"夷"字者，名为本无其字，依声托事。如云"我心则夷"，夷训为平，即今"侇"字，属于假借矣。相远者，则为形容语。形容语有三：一曰叠韵形容语，一曰双声形容语，一曰连字形容语，大都本无其字，依声托事者。别有单字形容语，如"瑟兮"、"僴兮"、"赫兮"、"煊兮"，有连义形容语，如"飞扬"、"反侧"、"陵厉"、"清明"，此皆本有其字，不在斯例。若叠韵之"宛转"，双声之"忼慨"，连字之"煌煌"、"昭昭"，亦或本有其字，然无字者为多。叠韵者，如"优游"、"委蛇"、"从容"、"契阔"是也。双声者，如"猗违"、"容与"、"解垢"、"突梯"是也。连字者，如"便便"、"钦钦"、"番番"、"踖踖"是也。此与转注无涉，自古未尝制字，但由触口成声，用相比况而已。所以者何？万物之现象有穷，而人心之比拟无尽，若一一为之制字，则繁于创造，是故依声托事而止。此二者皆本无其字者也。本有其字者，如近世仍用之字，多借同音同部同纽者，以代正文，如："𠂇"皆作"左"，"又"皆作"右"，"歬"皆作"前"，"罙"皆作"深"，"旱"皆作"厚"，"叀"皆作"專"，"𢾅"皆作"散"……以及古今载籍随分移用者，无不皆是。亦有后人为之，则称别字，古人为之，则称假借者。如："来"之作"麦"，"麦"之作"来"；"煤"之作"墨"，"墨"之作"煤"，虽是同部同声，实

乃沿袭误用。但其由来已久，故亦无所訾议。此二者皆本有其字者
也。如上说，则转注、假借，皆用字之法也。

上来所说，六书皆属形体，而转注、假借二者，实轶出形体之
外，因循旧论，姑以形体概之。此后专明引伸、假借之事，则属于训
诂者。引伸、假借之说，其常用者，不必繁征。今就语言文字之本
原，略为申论。

语言何自起乎？呼马而马，呼牛而牛，此非必恣意妄称也。一切
言语皆有其根，先征之有形之物，则可见矣。何以言雀？谓其音"即
即足足"也。何以言鹊？谓其音"切切错错"也。何以言雅？谓其音
"亚亚"也。何以言雁？谓其音"岸岸"也。何以言鴐鹅？谓其音
"加我"也。何以言鹁鸪？谓其音"格磔钩辀"也。此皆以音为表者
也。何以言马？马者，武也（古音马、武同在鱼部）。何以言牛？牛
者，事也（古音牛、事同在之部）。何以言羊？羊者，祥也。何以言
狗？狗者，叩也。何以言人？人者，仁也。何以言鬼？鬼者，归也。
何以言神？神者，引出万物者也。何以言祇？祇者，提出万物者也。
此皆以德为表者也。要之，以音为表者，惟是鸟类为多；以德为表
者，则万物大抵皆是。乃至"天"之言"颠"，"地"之言"底"，
"山"之言"宣"，"水"之言"准"（水在脂部，准在谆部，同类相
转），"火"之言"毁"（古音火、毁同在脂部），"土"之言"吐"，
"金"之言"禁"，"风"之言"泛"，一切有形，大抵皆尔。以印度胜
论之说言之，实、德、业三各不相离。人云马云，是其实也；仁云武
云，是其德也。金云火云，是其实也；禁云毁云，是其业也。一实之
名，必与其德，或与其业，相丽相著，故物名必有由起。虽然，太古
草昧之世，其言语惟以表实，而德、业之名为后起。故牛、马之名成

立最早，而事、武之语，即由牛、马变化而生。稍近文明，则德、业之语早成，而后施名于实。故先有引语，始称引出万物者曰神；先有提语，始称提出万物者曰祇。此皆转注之例，亦即假借之例也。

虽然，物之得名，大都由于感觉。感觉之噩异者，刺激视听，眩惑神思，则必为之立一特别之名。其无所噩异者，则不为特名，而惟以发声之语命之。例如牛、马、犬、羊，皆与人异，故其命名也，亦各有所取义。至于猴类，形体知识，多与人同，人与彼族固无大异，是故以"侯"称"猴"。侯者，发声词也（如云"侯不迈哉"，"侯其祎而"）。以"爰"称"蝯"，爰者，发声词也。以"且"称"狙"，

陆玑《毛诗草木鸟兽虫鱼疏》书影。 该书是一部专门对《诗经》中提到的动植物进行注解的著作。 陆玑，生卒年不详，字元恪，三国时吴郡（今江苏苏州）人，曾仕为吴太子中庶子，乌程令。 有《毛诗草木鸟兽虫鱼疏》行世

且者，发声词也。以"佳"称"雎"，佳者，发声词也（发声之维，古彝器皆作佳）。以"胡"称"猢"（陆玑《毛诗草木疏》云："蝯之白腰者为猕猴。"犹有猢孙之语），胡者，发声词也。以"渠"称"遽"，渠者，发声词也（如云"何渠"，亦作"何遽"。俗字有"距"，亦即"渠"字）。盖形体相似，耦俱无猜，耳无异听，目无异视，心无异感，则不能与之特别之名，故惟以发声之语命之而已。推之人类亦然，异种殊族，为之特立异名。如北方称"狄"，东北称"貊"，南方称"蛮"称"闽"，其名皆为特异。加以犬及虫、豸之形，谓其出于兽类。寔则"蛮"、"闽"二字，本由苗转。长言为"马流"（唐以前史籍皆作"马流"，今作"马来"），短言为"苗"，苗即"马流"之合音耳。尤、萧二部通转。稍变则称曰"蛮"，又稍变则称曰"闽"，非必是虫类也。惟以彼为异族，故加之以恶名。"狄"、"貊"二名，亦犹是也。然此方种族，远自西来。《史记》称高阳生于若水，高辛生于江水，皆蜀西之地也。陇西之"羌"、"戎"者，又四岳苗裔也。故于西方各种，亦不为特立异名。或称曰"羌"，羌者，发声词也；或称曰"戎"，戎者，又人之声转也（颜师古《匡谬正俗》言：今之戎兽，字当作猱，戎、猱一音之转。猴类得名，亦由人之转音，此可互证）。东方诸国，不与中国抗衡，故美之曰仁人，号之曰夷种。夷本人字，声转得名，说已见前。夷古音当读人脂切，人、夷双声，其韵部则为脂、真通转，而夷复为发声之语（如云"夷使则介之"，"夷考其行"），则又可展转互证矣。东胡与貊，本一物也，胡亦发声之词，而以名貊种者，胡名初起，或即九夷之类，其后渐以其名施之貊族，亦犹汉世以胡称匈奴，隋、唐人以胡称西域耳。反古复始，则胡名必属九夷，非貊族之号也。由是言之，施于兽类者，形性绝异，则与之特别之名；形性相似，则与之发声之名。施于人类者，种类绝异，则与之特别之名；种类相似，则与之发声之名。此可见言语之分，由感觉之顺违而起也。

推之人之自称，与最亲昵之相称，则亦以发称之词言。如古人称兄，今人称哥。兄为发声词（兄即况字，如《诗》"仓兄填兮"、"职兄斯引"，汉石经《尚书·无逸》篇"则兄自敬德"，兄皆发声词也），哥亦发声词也（哥从可声，可从丂声，丂即今之阿字，发声词也）。至亲无文，则称之曰尔、曰乃、曰若，此皆发声词也。自称曰朁，或曰朁老子，朁亦发声词也（《说文》："朁，曾也。"引《诗》"朁不畏明"。古人自称口朕，朕即朁字，正当作朁，朕乃假借耳）。自称曰我，我转为义、为仪、为羲，亦皆发声词也。《书》称"义尔邦君"，"越尔多士，尹氏御事"。《诗》："我仪图之。"义、仪皆发声词也。《说文》云："羲，气也。"凡言乌呼者，亦作"于戏"，戏当作羲，犹伏羲亦作伏戏也（于戏之为发声，人所共晓）。自称曰言（《释诂》："言，我也。"），言亦发声也（如《诗》"言告师氏"、"言念君子"之属）。自称曰阿阳（见《释诂》注），亦曰阿家（见《宋书·范晔传》），阿即丂字，亦发声词也（《说文》："丂，气欲舒出，上碍于一也。""乛，反丂也，读若呵。"近世言呵者，其字皆当作乛）。此皆无所噩异，故未尝特制一称。益明语言之分，由感觉之顺违而起也。

上世先有表实之名，以次扩充，而表德、表业之名因之。后世先有表德、表业之名，以次扩充，而表实之名因之。是故同一声类，其义往往相同。如阮伯元所说，"从古声者，有枯、槁、苦、窳、沽、薄诸义"，此已发其端矣。今复博征诸说。如立一"为"字以为根，为者，母猴也。猴喜模仿人举止，故引伸为"作为"，而其字变作

"伪"矣。凡作为者，异于自然，故引伸为"诈伪"。凡诈伪者，异于真实，故引伸为"譌误"，而其字变作"譌"矣。又如立一"禺"字以为根，禺，亦母猴也。猴喜摹仿人之举止，故引伸之凡模拟者，称为禺。《史记·封禅书》云：木禺龙栾车一驷，木禺车马一驷，是也。其后木禺之字，又变为"偶"。《说文》云："偶，相人也。"偶非真物，而物形寄焉，故引伸为"寄"义，而其字变作"寓"矣。凡寄偶者，非能常在，适然逢会而已，故引伸为"逢"义，而其字变作"遇"矣。凡相遇者，必有对待，故引伸为"对待"之义，而其字变作"耦"矣。又如立一"乍"字以为根，乍者止亡词也。仓猝遇之，则谓之乍，故引伸为"最始"之义，字变为"作"。《毛诗·鲁颂》传曰："作，始也。"《书》言"万邦作乂"，"莱夷作牧"，"作"皆始也。凡最始者，必有创造，故引伸为"造作"之义。凡造作者，异于自然，故引伸为"伪"义，而其字变为"诈"矣。又自最始之义，引伸为今日之称往日，而其字变作"昨"矣。又如立一"朁"字以为根，朁者，撍也。撍者，刺也。其字从干，干从倒入，入一为干（犯也），入二为朁，言稍甚也。其音如饪。朁训为刺，又言稍甚。其实今之甚字，由朁而变。《说文》云："甚，尤安乐也。从甘、匹。匹，耦也。"男女之欲安乐尤甚，而其中实含有"直刺"之义。后人改作，凡殊尤之义，则专作"甚"字；凡直刺之义，则变为"撍"字（俗作砍）。《史记·刺客传》曰"左手把其臂，右手撍其胸"是也。由刺之义，引伸为"胜"，字变作"戡"，"西伯戡黎"是也。亦借用堪，《墨子·非攻》篇云"往攻之，予必使女大堪之"是也。由胜义，引伸复为"胜任"；由胜任义，引伸复为"支载"，于是字变作"堪"。《说文》

云："堪，地突也。"今言堪舆是也。然由甚字有尤安乐之义，其字或借用"湛"，《毛诗·小雅》传曰："湛，乐之久也。"其后有专乐饮酒之义，则又变为"酖"字。乐极无厌，还以自害，《左氏》有"宴安酖毒"之义。于是鸟之可以毒人者，亦得是名，而字变为"鸩"矣。又如立一"辡"字以为根，辡者，罪人相与讼也（方免切）。引伸则为治讼者，字变作"辩"。治讼在乎能言，引伸则为"辩论"、"辩析"。由辩析义引伸，则为以刀判物，于是字变作"辨"。由刀判义引伸，而有文理可以分析者，亦得是名，而其字变作"辬"矣。由刀判义引伸，而瓜实可分者，亦得是名，而字变作"瓣"矣。如上所说，为字、禺字、乍字、⼱字、辡字，①一字递演，变为数字（广说此类，其义无边，今姑举五事明之）。此即所谓转注者也。其释转注，亦未尝不可云"建类一首，同意相受"，而义则与许君有异。许所谓首，以形为之首也。吾所谓首，以声为之首也。许所谓"同意相受"，两字之意，不异毫厘，得相为互训也。吾所谓"同意相受"，数字之义，成于递演，无碍于归根也。虽然，此转注也，而亦未尝不为假借。就最初言，只造声首之字，而一切递演之字，皆未造成，则声首之字，兼该递演之义，是所谓转注也。就今日言，已有递演之字，还观古人之专用声首，以兼该诸义者，则谓之"本无其字，依声托事"，是即所谓假借之近于转注者也。

若夫假借之法，有本有其字，依声托事者，此无关于言语之起原，而读古书者，不得不知此事。其事既繁，亦聊举著见者言之。如《释诂》以"初哉首基"为"始"。初、首、基皆本字也；而哉则为才

---

① "辡"，原作"辯"，据文义改。

之假借。《说文》云："才，草木之初生也。"以"介纯夏幠"为
"大"。夏者，中国人。幠者，覆首。引伸皆为大义，此本字也。而
介、纯则为夼、奄之假借。《说文》："夼，大也。""奄，大也。"以
"矢雉引延"为"陈"。引、延本有长义，引伸为陈，皆本字也。而矢
则为施之借（矢、施双声），施设与陈列义近也。雉则直为陈之假借，
雉声、夷声、陈声皆相转也（《周礼》"雉氏"，故书直作夷。《左氏春
秋经》"夷仪"，《公羊》作"陈义"。此脂、真之转）。以"乂乱靖神
弗淲"为"治"。乱、靖皆本字，而乂则为辟之借。《说文》："辟，治
也。"神则为敒之借，《说文》："敒，理也。"淲则为汩之借，《说文》：
"汩，治水也。"如上四事，皆《雅》义之可见者也。更举近人常用之
语证之。如"密勿"二字，本出《鲁诗》。《毛诗》"十月之交，黾勉
从事"，《鲁诗》作"密勿从事"（见《汉书·刘向传》），密勿者，黾
勉之假借也（古音勿读没。密勿、黾勉为双声，皆重唇音得相通转）。
而近人不知，误以为枢密禁近之义矣（如姚石甫《复鹿青一兄书》
云：祁公与有姻，故承枉顾，答以公在密勿，获咎之人，于义不当干
谒）。又如"眷属"二字，亦常语也。译内典者，多用此字。其语始
见《管子》。《幼官》云："强国为圈，弱国为属。"《立政》云："圈属
群徒，不顺于常。"圈属之于群徒，其义相类，圈本麇之假借（《左氏
春秋经》"楚子伐麇"，《公羊》作"伐圈"）。麇训为群（《左氏传》：
"求诸侯而麇至。"杜《解》："麇，群也。"）字或作权。故《管子·
七法》云："攻国救邑，不恃权与之国。"（《幼官》《事语》《轻重甲》
三篇，皆言"权与"。）"权"谓圈属，"与"谓与国也。尹知章不知圈
属义，而以圈为豕圈。近人亦不知眷属之义，而以眷为眷顾，则可
笑矣。又如"蝉联"二字，亦常语也，始见《汉书·杨雄传》，字作

"蝉嫣"。应劭曰："嫣嫣，连也。"《史记·五帝本纪》："帝颛顼生子曰穷蝉。"《索隐》引《世本》作"穷系"。盖蝉本借为单。《毛诗·大雅》传："三单，相袭也。"（单之本义，当训为袭，前人妄说无一可信，余别有说。）相袭之义，亦借用禅。禅位，即袭位也。亦或作嬗，《汉书·贾谊传》"变化而嬗"是也。相袭故有连系之义。"穷蝉"作"穷系"者，古人名字相应，一名而一字也。而自服虔之注《汉书》，已云"嬗音如蝉，谓变蜕也"。近人则皆以蝉联二字，谓如蝉蜕之相联而下，所谓郢书燕说者矣。又如"伐阅"二字，亦常语也。《史记·高祖功臣侯年表》曰："明其等曰伐，积日曰阅。"伐即功伐之义。汉人言持伐阅者，犹今言持履历耳。俗字作"阀"，见《广韵》，云："阀阅，自序也。"其字虽俗，而其义尚不误。不知何时，以阀阅为门第之义，相沿至今，曾莫觉悟。若云伐是假借，阀乃正文，则《广韵》之训"阀阅"，亦不以为门第，复从何处得此异义也。此前三者，以不知假借而误；此后一者，以妄谓假借而误。然则不知假借之法，虽通俗语言，犹致缪误，而况于读周、秦、两汉之书乎！

近世文人不知假借者，率谓古人著述，多用方言，未必实有其字。夫方言之用，见于记载者诚多。而口授者尤甚，如《公羊传》之多用齐语是也。若其著之竹帛者，虽间用方言，而其义必可解，文必有征（除发声语、嗟叹语不必有字，如《史记》之"颗颐"，《淮南》之"邪许"是也。其他不能为例）。试读《方言》，杨子之所记者，征以《说文》，无不有其本字。又如《尔雅·释诂》，一义之言，或至二三十字，此非古今异语，则必方国殊言。然以《说文》证之，亦各有本字在，断无以浑沦难解之词著之竹帛者。尝记有人谓余曰：如庄子《齐物论》云："其厌也如缄，以言其老洫也。""老洫"何解？岂非方言乎？余曰："洫"借为"侐"。《鲁颂》："閟宫有侐。"毛《传》曰："侐，清静也。"老洫者，谓老而清静也。《庄子》或本"洫"亦作"溢"（见《释文》），此其字虽不同，而义实一。《释诂》云："溢，静也。"溢字正当作谧，《释诂》亦云："谧，静也。"（此必古义相传，《说文》但以行迹为说，未录《雅》训。）非特"老洫"可解，上文云"其厌也如缄"，厌亦当为恹之假借。《说文》："恹，安也。"非特二句可以假借明之，上文云"其留如诅盟，其守胜之谓也"，"守胜"二字亦可以假借明之。"守胜"即"守司"。（《潜夫论·志氏姓》篇云："信都者，司徒也。"俗音不正，曰"信都"，或曰"申徒"，或"胜屠"，然其本一"司徒"耳。《吕览·精谕》有胜书说周公旦事。所谓胜书，即司书也。司、胜双声，又为之、蒸二部之通转。）古字无伺，司即伺字，守胜谓守伺耳。以此观之，古书岂有不可解者。自高邮王氏著《读书杂志》以后，近世德清俞氏、瑞安孙氏继之，古籍疑文，涣如冰释。其他未能了解者，特十中之一二耳，容有传写错讹，不能强解者。要之，不可以此为例。余虽不敢以诸老自拟，而发见前人所未了者，亦无虑数百事。

上来既说引伸、假借之例，所谓以声音求训诂，以声音证形体者，大略如是。此所谓小学，此所谓语言文字之学也。临终又有一言，附述于此。

中国文字，类皆一字一音，然亦有一字二音者，此为例外之事。何以证之？曰：以《说文》证之。凡一物而以二字为名者，或是双声，或是叠韵。若但以声音比况，则不必别为制字，乃古字有但制一字不制一字者。既造此字，何不遂造彼字？若谓《说文》遗漏，则以二字为物名者，《说文》皆连属书之，亦不至善忘若此也。然则远溯造字之初，必以一文而兼二音，故不必别作彼字尔。如《说文》虫部有"悉蝼"。蝼，本字也，而悉则为借音之字。何以不兼造蟋字？此必蝼字兼有悉、蝼二音也。如《说文》人部有"焦侥"。侥，本字也，而焦则为借音之字。何以不兼造僬字？此必侥字兼有焦、侥二音也。如《说文》廌部有"解廌"。廌，本字也，而解则为借音之字。何以不兼造獬字？此必廌字兼有解、廌二音也（廌字兼有解、廌二音，更有确证。《左传》宣十七年："庶有廌乎。"杜《解》："廌，解也。"借廌为解，即廌有解音之证）。草部有"茻薒"。薒，本字也，而茻则为借音之字。何以不兼造薒字？此必薒字兼有茻、薒二音也。其他动词、形容词，以二字成一言者，此例尚多。如"黾勉"之"勉"，本字也，而黾则为借音之字。何以不造？此必勉字兼有黾、勉二音也。如"诘诎"之"诎"，本字也，而诘则为借音之字。何以不造？此必诎字兼有诘、诎二音也。如"篦篝"之篦，本字也，而篝则为借音之字。何以不造？此必篦字兼有篦、篝二音也。如"唐隶"之隶，本字也，而唐则为借音之字。何以不造？此必隶字兼有唐、隶二音也。此类实多，不可偻指。大抵古文只有一字兼读二音，而此事既非常例，故后人于其本字之旁，增注借音之字，久则遂以二字并书。亦犹越称"于越"，邾称"邾娄"，在彼固以一字而读二音，然自鲁史书之，则不得不增注"于"字、"娄"字于其上下。余发此义，未知海内治小学者以为如何耳。

（载《国学讲习会略说》，一九〇六年九月日本秀光社印行；又载《国粹学报》第二十四、二十五期。）

小学略说（上）

（一九三五年）

　　小学二字，说解歧异。汉儒指文字之学为小学。《汉书·艺文志》："古者八岁入小学。"《周官·保氏》："掌养国子，教之六书九数。"六书者：象形、象事、象意、象声、转注、假借也。而宋人往往以洒扫应对进退为小学。段玉裁深通音训，幼时读朱子《小学》，其文集中尝言小学宜举全体，文字仅其一端。洒扫应对进退，未尝不可谓之小学。案：《大戴礼·保傅》篇："古者八岁出就外舍，学小艺焉，履小节焉；束发而就大学，学大艺焉，履大节焉。"小艺指文字而言，小节指洒扫应对进退而言。大艺即《诗》《书》《礼》《乐》。大节乃大学之道也。由是言之，小学固宜该小艺、小节而称之。

　　保氏所教六书，即文字之学。九数则《汉书·律历志》所云："数者，一十百千万是也。"学习书数，宜于髫龀。至于射、御，非体力稍强不能习。故《内则》言：十岁学书计，成童学射、御。《汉书·食货志》言：八岁入小学，学六甲、五方，书计之事。《内则》亦言六岁教之数与方名，郑《注》以东西释方名，盖即地理学与文字学矣。而苏林之注《汉书》，谓方名者四方之名，此殊不足为训。童蒙稚呆，岂有不教本国文字，而反先学外国文字哉？故师古以臣瓒之说为是也。

　　汉人所谓六艺，与《周礼·保氏》不同。汉儒以六经为六艺，

《保氏》以礼、乐、射、御、书、数为六艺。六经者，大艺也。礼、乐、射、御、书、数者，小艺也。语似分歧，实无二致。古人先识文字，后究大学之道。后代则垂髫而讽六经。篆籀古文，反以当时罕习，致白首而不能通。盖字体递变，后人于真楷中认点画，自不暇再修旧文也。

是正文字之小学，括形、声、义三者而其义始全。古代撰次文字之书，于周为《史籀篇》，秦汉为《仓颉篇》，后复有《急就章》出。童蒙所课，弗外乎此。周兴嗣之《千字文》，①《隋书·经籍志》入小学类。古人对于文字，形、声、义三者，同一重视。宋人读音尚正，义亦不敢妄谈。明以后则不然。清初讲小学者，止知形而不知声、义，偏而不全，不过为篆刻用耳。迨乾嘉诸儒，始究心音读训诂，但又误以《说文》《尔雅》为一类。段氏玉裁诋《汉志》入《尔雅》于"孝经类"，入《仓颉篇》于"小学类"，谓分类不当。殊不知字书有字必录，周秦之《史》《仓》，后来之《说文》，无一不然。至《尔雅》乃运用文字之学。《尔雅》功用在解释经典，经典所无之字，《尔雅》自亦不具。是故字书为体，《尔雅》为用。譬之算术，凡可计数，无一不包。测天步历，特运用之一途耳。清人混称"天算"，其误与混《尔雅》、字书为一者相同。《尔雅》之后，有《方言》，有《广雅》，皆为训诂之书，文字亦多不具。故求文字之义，乃当参《尔雅》《方言》，论音读，更须参韵书。如此，文字之学乃备。

乾嘉以后，人人知习小学，识字胜于明人。或谓讲《说文》即讲篆文，此实谬误。王壬秋主讲四川尊经书院，学生持《说文》指字叩

---

① "字"，原脱。

《急就篇》，又名《急就》或《急就章》，是汉代学童的教科书。传为汉代史游作，魏晋时期颇为盛行。该书按姓名、衣服、饮食、器用等分类，成三言、四言、七言韵句。首句有"急就"二字，后因以为名

音，王谓尔曹喻义已足，何必读音。王氏不明反语，故为是言。依是言之，《说文》一书，止可以教聋哑学生耳。

今人喜据钟鼎驳《说文》。此风起于同、光间，至今约六七十年。夫《说文》所录，古文三百余。古文原不止此，今洛阳出土之《三体石经》，古文多出《说文》之外。于是诡谲者流，以为求古文于《说文》，不如求之钟鼎。然钟鼎刻文，究为何体，始终不能确知。《积古斋钟鼎款识》释文，探究来历，不知所出，于是诿之曰"昔人"。自清递推而上，至宋之欧阳修《集古录》。欧得铜器，不识其文，询之杨南仲、章友直（杨工篆书，《嘉祐石经》为杨之手笔，章则当时书学博士也）。杨、章止识《说文》所载之古文，其他固不识也。欧强之使识，乃不得不妄称以应之。《集古录》成，宋人踵起者多。要皆

以意测度，难逭妄断之讥。须知文字之学，口耳相受，不可间断。设数百年来，字无人识，后人断无能识之理。譬如"天地玄黄"，非经先生口授，何能明其音读？先生受之于师，师又受之于师，如此数千年，口耳相受，故能认识。或有难识之字，字书具在。但明反切，即知其音。若未注反切，如何能识之哉！今之学外国文者，必先认识字母，再求拼音，断无不教而识之理。宋人妄指某形为某字者，不几如不识字母而诵外国文乎？

宋人、清人，讲释钟鼎，病根相同，病态不同。宋人之病，在望气而知，如观油画，但求形似，不问笔画。清人知其不然，乃皮傅六书，曲为分剖。此则倒果为因，可谓巨谬。夫古人先识字形，继求字义，后乃据六书以分析之，非先以六书分析，再识字形也。未识字形，先以六书分析，则一字为甲为乙，何所施而不可？不但形声、会意之字，可以随意妄断，即象形之字，亦不妨指鹿为马。盖象形之字，并不纤悉工似，不过粗具轮廓，或举其一端而已。如 ﾉ 字略象人形之侧，其他固不及也。若本不认识，强指为象别形，何不可哉？倒果为因，则甲以为乙，乙以为丙，聚讼纷纷，所得皆妄。如只摹其笔意，赏其姿态，而阙其所不知，一如欧人观华剧然，但赏音调，不问字句，此中亦自有乐地，何必为扣槃、扪烛之举哉？

宋人持望气而知之态度以讲钟鼎，清人则强以六书分析之。然则以钟鼎而驳《说文》，其失不止偏闰夺正而已。尝谓钟鼎款识，不得阑入小学，若与法帖图象，并列艺苑，斯为得耳。"四库书"列入"艺术"一类，甚见精卓。其可勉强归入"小学"类者，惟有研究汉碑之书，如洪氏《隶释》《隶续》之类而已。文字之学，宜该形、声、义三者。专讲《说文》，尚嫌取形遗声，又何况邈不可知之钟鼎款识哉？盖文字之赖以传者，全在于形。论其根本，实先有义，后有声，然后有形。缘吾人先有意想，后有语言，最后乃有笔画也（文字为语言之代表，语言为意想之代表）。故不求声、义而专讲字形，以资篆刻则可，谓通小学则不可。三者兼明，庶得谓之通小学耳。《说文》以形为主，《尔雅》《方言》以义为主，《广韵》之类以声为主。今人与唐、宋人读音不同，又不得不分别古今。治小学者，既知今音，又宜明了古音。大徐《说文》，常言某字非声，此不明五代音与古音不同故也。欲治小学，不可不知声音通转之理。段注《说文》，每字下有"古音在第几部"字样，此即示人以古今音读之不同。音理通，而义之转变乃明。大徐《说文》，每字下注明孙愐反切，此唐、宋音，而非汉人声读。但由此以窥古音，亦初学之阶梯也。要之，形为字之官体，声、义为字之精神，必三者备而文字之学始具。

许君之言曰："惟初太极，道立于一。""一"之为字，属指事。盖人类思想，由单简以至繁复，苦结绳之不足致治，乃有点画以作识记。则六书次第，以"指事"居首为最合，指事之次为"象形"。《说文》之界说曰："指事者，视而可识，察而见意，二二是也"。"象形者，画成其物，随体诘诎，⊙ Ɗ 是也。"此皆独体之文。继后有形声、会意，则孳乳而为合体之字。故形声之界说曰："以事为名，取譬相成，江河是也。""会意"之界说曰："比类合谊，以见指撝，武信是也。"指事、象形在前，形声、会意在后，四者具而犹恐不足，则益之以"转注"，广之以"假借"。如是，则书契之道毕，宪象之理彰。

指事之异于象形者，形象一物，事晐众物。以二二为例，二二所晐者多，而日月则仅表一物。二二二字，视之察之，可知其在上在下。此指事之最易明白者，故许君举以为例。

指事之字，除 二 三 外，计数之字，自一至十，古人皆以为指事。但 𦥑 字从入从八，已属会意。四 字象形，尚非指事。惟籀文作 三，确系指事。按：莽布六七八九作 丅 𠀎 𠀉 𠘧，或为最初之古文，极合于"察而见意"之例。若 古 九 两篆，殊不能"察而见意"也。

六书中之指事，后人多不了然。段氏《说文注》言指事者极少。王菉友《释例》《句读》，凡属指事之字，悉以为会意。要知两意相合，方得谓之会意。若一字而增损点画，于增损中见意义者，胥指事也。指事有独体、合体之别，二 三 一二，独体指事也。合体指事，例如下列诸字：

米，以木下一表根。末，以木上一表颠。不，象形兼指事，一以表天，下为鸟形，鸟飞上翔，不下来也。至，一以表地，上为鸟形，鸟飞从高，下至地也。此皆无形可象，故以一表之。又有屈曲其形以见意者，为 大 象人形，侧其左曰 夨，侧其右曰 夭，交其两足则为 交，曲其右足则为 尢。夨、夭、交、尢 均从大而略变者也，均指事也。更如屈木之颠曰 朮，木之曲头，止不能上也。米 中加一曰 朱，赤心木也。赤心不可象，以一识之也。牟，牛鸣也，从牛，乙 象其声气从口出。羋，羊鸣也，从羊，象气上出。系豕足曰 豖，绊马足曰 馽。凡此皆不别造字，即于木、牛、羊、豕、马本字之上，加以标帜者也。

指事有减省笔画以见意者。如 夕，莫也，从月半见。占，列骨之残也，[①]从半 冎，冎，义为剔肉置骨，冎 而得半，其残可知。

---

① "列"，原作"伐"，据《说文解字》改。

朩，木之余，断木之首以见意。**非**有相背之象。**飛**上象鸟首，下为双翅，张其翅，以表飞翔之状。而迅疾之**卂**，从飞而羽不见，疾飞则羽毛不能详审，故略去羽毛。今山水家画远鸟多作十字形，意亦同也。以上皆损笔见意之指事。又有以相反为指事者。如反正为**乏**，正乏即算术之正负，**乏**即负耳。反人为**匕**，相与比叙也。倒人为**化**，变也，人死则化矣。反**永**为**辰**，永为水长，辰为分支，分支则水流长矣。**屮**象草出于地，倒**屮**为**朩**，周也，川楚间有阴沉木者，山崩木倒，枝叶入地而仍生，岭南榕树亦反倒入地而生，此皆可见蒙密周匝之意。推予谓之**予**，倒予谓之**幻**，以骗术诈惑人而取其财，斯为幻矣。**止**象人足，反**止**为**少**，蹈也。此皆以相反见意也。故指事有三例：一增一省一相反。今粤人减有字二画为冇，音如毛，意为"无有"，此俗字之属于指事者也。

指事不兼会意，而会意有兼指事。盖虽为会意，仍有指事之意在。**从**从二人相背，**臦**从二臣相违，相背、相违，亦有指事之意。两或颠倒而成**㸚**，悖也。两止相背而成**癶**，足剌**癶**也，亦兼指事之意。指事之例甚广，而段氏乃以为指事甚少，此亦未之思耳。但段氏犹知指事、会意不容厕杂。而王菉友则直以指事为会意矣。要知会意之会，乃会合之会，非领会之会也。

造字之朔，象形居先，而指事更在象形之前。盖指事亦象形之类，惟象空阔之形，不若象形之表示个体耳。许君举日、月二文为象形例，**⊙**象日中有黑子，**☽**象月形之半，[1]此乃独体象形，**犬**、

🖹、🖹、🖹、🖹、🖹之类均是。至合体象形：🖹，田象果实，下从木；🖹，🖹象跗萼，下从木；🖹，象阡陌之状，而小篆作🖹；🖹，古文作🖹，小篆加衣为🖹，中象毛皮之形。皆合体象形也。🖹从女，加--为两乳形。🖹从儿，曰象小儿头囟未合，亦合体象形也。自独体象形衍而为合体象形，亦有不得不然之势。否则无女之--，无🖹之自，孰从而识其为母为儿乎？

象形之字，《说文》所录甚多，然犹不止此数。如钟鼎之🖹，即为《说文》所未录者。（钟鼎文字，原不可妄说，但连环之🖹，可由上下文义而知其决然为坏，经昔人谨慎考定，当可置信。）

造字之初，不过指事、象形两例。指事尚有状词、动词之别，而象形多为名词。综《说文》所录，象形、指事，不过二三百字。虽先民言语简单，恐亦非此二三百字所能达意。于是有以声为训之法，如马兼武义；火兼毁义；水有平准之义，而以水代准（古音水、准相近）；齐有集中之义，斋戒之斋，即假齐以行。夫书契之作，所以济结绳之穷。若一字数义，仍不能收分理别异之功，同一马也，或作马义，或作武义；同一水也，或作水义，或作准义。依是则饰伪萌生，治丝而益棼矣。于是形声、会意之作乃起。

形声之声，有与字义无关者，如江之工，河之可，不过取工、可二音，与江、河相近。此乃纯粹形声，与字义毫无关系者也。劦部之🖹、🖹、🖹，皆有同心合力之意，则声而兼义矣。盖形声之字，大都以形为主，声为客。而亦有以声为主者，《说文》中此类甚多，如某字从某，某亦声，此种字皆形声而兼会意者也。王荆公《字说》，凡形声悉认为会意，遂成古今之大谬。故理董文字，切不可迂曲诠释。一涉迂曲，未有不认形声为会意者。初造文字之时，决不尔也。

许君举武、信为意会之例。夫人言为信，惟信乃得谓之人言，否则与鸡鸣犬吠何异？此易明者。止戈为武，解之者率本楚庄王禁暴戢兵之意，谓止人之戈。但《大雅》："履帝武敏。"《传》曰："武，迹也。"则足迹亦谓之武。按《牧誓》："不愆于六步七步，不愆于四伐五伐。"步伐整齐，则军令森严，此则谓之武耳。余意止者步省，戈者伐省，取步伐之义，似较优长。但楚庄之说，亦不可废。若解止戈为不用干戈，则未免为不抵抗主义之信徒矣。

会意之字，《说文》所录甚少。五百四十部以形声字为最多。《说文》而后，字书所收，字日以多。自《玉篇》《类篇》以至《正字通》《康熙字典》，无不后来居上。《类篇》所收，有五万字。至《康熙字典》，则俗体寖多于前矣。

后人造形声之字，尚无大谬，造会意则不免贻笑，若造象形、指事，必为通人所嗤。如"丢"，去上加一，示一去不返，即觉伧俗可笑。今人造牠、她二字，以牠为泛指一切，她则专指女人。实则自称曰我，称第三者曰他，区别已明，何必为此骈枝？依是而言，将书"俄"属男，写"娥"属女，而泛指之我，当别造一"牰"字以代之。若"我师败绩"，"伐我北鄙"等语，"我"悉改书为"牰"，不将笑绝冠缨耶？

转注之说，解者纷繁。或谓同部之字，笔画增损，而互为训释，斯为转注。实则未见其然。《说文》所载各字，皆隶属部首，亦有从部首省者：犛部有犥，有氂，犥与氂，非纯从犛，从犛省也；爨部有釁、有挑爨，但取爨之头而不全从爨也；畫部有畫，癟部有㾕、有癟、有癟，畫为畫省，㾕、㾕、癟皆非全部从癟。且犥，犛牛尾也；

氋，强曲毛也，与犛牛非同意相受。閖所以支鬲；釁，血祭，亦非同意。畫，介也；畫，日之出入，与夜为介，意亦相歧。寐，卧也，虽与癙义较近，而寤则寐觉而有言，适与相反。谓生关系则可，谓同意相受则不可。不特此也，《说文》之字，固以部首为统属，亦有特别之字虽同在一部而不从部首者。乌部有焉、有鳥，与部首全不相关，意亦不复相近。犛、釁、畫、癙四部，尚可强谓与考、老同例，此则截然不相关矣。准此，应言建类一首，同意不相受。而江声、曾国藩辈，坚主同部之说，何耶？

或谓建类一首者，头必相同，如禽头与兕头同是也。余谓以此说"一首"固可，顾"同意相受"之义犹未明。且《说文》所载，虎足与人足同，燕尾与鱼尾同。如言禽头与兕头同为建类一首，则此复应言建类一尾，或建类一足矣。况禽头与兕头同在《说文》象形中，字本无多，仅为象形之一种。故知此说琐屑，亦无当也。

戴东原谓：《说文》"考，老也；老，考也"，转相训释，即所谓"同意相受"，"建类一首"者，谓义必同耳。《尔雅》："初、哉、首、基、肇、祖、元、胎、俶、落、权、舆，始也。"此转注之例也。余谓此说太泛，亦未全合。《尔雅》十二字，虽均有始义，然造字时，初为裁衣之始，哉即才字。为草木之初。始义虽同，所指各异。首为生人之初，基为筑室之初，虽后世混用，造字时亦各有各义，决不可混用也。若《尔雅》所释，同一训者，皆可谓同意相受，无乃太广泛矣乎？

于是许瀚出而补戴之阙，谓：戴氏言同训即转注，固当；然就文字而论，必也二义相同，又复同部，方得谓之转注，此说较戴氏为精，然意犹未足。何以故？因五百四十部非必不可增损故，如乌、舄、焉三字，立舄部以统之。若归入鸟部，说从鸟省，亦何不可？况《说文》有瓟部，瓟部有瓢字，瓢从瓟省，实则瓟从瓜，瓢亦从瓜，均可归入瓜部，不必更立一部也。且古籀篆字形不同，有篆可入此部，而古籀可入彼部者，是究应入何部乎？鸥，小篆从隹；雕，籀文从鸟，应入鸟部乎？隹部乎？未易决也。转注通古籀篆而为言，非专指小篆。六书之名，先于《说文》，贯通古、籀、篆三，如同部云云，但依《说文》而言，则与古籀违戾。故许氏之说虽精于戴，亦未可从也。

刘台拱不以小学名，而文集中《论六书》一文，识见甚卓。谓所谓转注者，不但义同，音亦相近。此语较戴氏为有范围。转注云者，当兼声讲，不仅以形义言。所谓"同意相受"者，义相近也。所谓"建类一首"者，同一语原之谓也。同一语原，出生二字，考与老，二字同训，声复叠韵。古来语言不齐，因地转变，此方称老，彼处曰考；此方造老，彼处造考，故有考、老二文。造字之初，本各地同时并举，太史采集异文，各地兼收，欲通四方之语，故立转注一项。是可知转注之义，实与方言有关。《说文》同部之字，固有转注；异部之字，亦有转注，不得以同部为限也。

《说文》于义同、音同、部首同者，必联绵属缀，此许君之微意也。余著《国故论衡》，曾举四十余字作证。今略言之，艸部：蕾，蓄也；蓄，蕾也；[1] 蒋，苗也；苗，蒋也。交互为训，绵联相属，即示转注之意。所以分二字者，许君之书，非由己创，亦参考古书而成。蕾、蓄、蒋、苗，《尔雅》已分，故《说文》依之也。又如祖、

---

[1]　"蓄，蕾也"，原作"蕾，蕾也"，据上下文正。

裼、裸、裎；衵，许书作但；裼，古音如鬓。但、裼古双声，皆在透母。裸，但也，裎，但也。裎，今舌上音，古人作舌头音，读如听，亦在透母。裸，在今来母，于古亦双声。此皆各地读音不同，故生异文。由今论之，古人之文，较今为简。亦有繁于今者。《孟子》："虽袒裼裸裎于我侧，尔焉能浼我哉？"实则但言"袒于我侧"可矣。又古人自称曰我，曰吾，曰卬，曰言，我、吾、卬、言，初造字时，实不相关。语言转变，遂皆成我义。低卬之卬，言语之言，岂为自称而造？因各地读音转变而假用耳。又，古人对人称尔、称女、称戎、称若、称而，《说文》尔作尒，既造尒为对人之称，其余皆因读音转变而孳生之字。女即借用男女之女，戎即借用戎狄之戎，若即借用择菜之若，而即借用须髯之而。古无弹舌音，女、戎、若、而，皆入泥母。以今音准之，你音未变，戎读为奴、为侬，而读为奈，皆入泥母。今苏、沪、江、浙一带，或称奈，或称你，或称奴，或称侬，则古今音无甚异也。又汪、潢、湖、汙四字，音转义同。小池为汙，《左传》"周氏之汙"，汙训池，亦称为潢，今匣母，转而为汙潢。《汉书》"盗弄陛下之兵于潢池中耳"，《左传》亦称"潢汙行潦"。汪今影母，音变为湖。汙、湖阴声，无鼻音。汪、潢阳声，有鼻音。阴阳对转，乃言语转变之枢纽。言与我，吾与卬，亦阴阳对转也。语言不同，一字变成多字。古来列国分立，字由各地自造，音亦彼此互异，前已言之。今南方一县之隔，音声即异，况古代分裂时哉！然音虽不同，而有通转之理。《周礼·大行人》："属瞽史谕书名，听声音。"瞽不能书，审音则准。史者史官，职主记载。"谕书名"者，汙、潢彼此不同，谕以通彼此之意也。"听声音"者，听其异而知其同也。汪、汙、潢、湖，声虽不同，而有转变之理，说明其理，在先解声音耳。

如此，则四方之语可晓。否则，逾一地、越一国，非徒音不相同，字亦不能识矣。六书之有转注，义即在此。不然，"但、裼、裸、裎"，"汪、汙、潢、湖"，彼此焉能通晓。下三字与上一字，音既相同，义亦不异。此所谓"建类一首，同意相受"也。古者方国不同，意犹相通。造字之初，非一人一地所专，各地各造，仓颉采而为之总裁。后之史籀、李斯，亦汇集各处之字，成其《史籀篇》《仓颉篇》。秦以后字书亦然，非仓颉、史籀、李斯之外，别无造字之人也。庶事日繁，文字遂多。《说文》之后，《玉篇》收两万字，《类篇》收五万字，皆各人各造而编书者汇集之。后人如此，古人亦然。许书九千字，岂叔重一人所造，亦采前人已造者耳。荀子云："好书者众矣，而仓颉独传者，一也。"斯明证矣。是故，转注在文字中乃重要之关键。使全国语言，彼此相喻，不统一而自统一，转注之功也。今人称欧洲语同出罗马，而各国音亦小异。此亦有转注之理在。有转注，尚有不相喻处，故孔子曰："吾犹及史之阙文也，今亡矣夫。"盖当时列国赴告，均用己国通用之字，彼此未能全喻，史官或有不识之字，则阙以存疑。周全盛时，虽诸侯分立，中央政府犹有史官可以通喻；及衰，列国依然自造文字，而史官或不能喻。其初不喻者阙之，其后则指不识以为识。"今亡矣夫"者，伤之也。华夏一统，中国语言，彼此犹有不同，幸有字书可以检查。是故，不但许君有功，即野王、温公辈，亦未始无功。又字有义有音，义为训诂，音为反切。韵书之最古者推《广韵》，则陆法言辈亦何尝无功哉！古有谕书名、听音声之事，其书不传，后人采取其意而为音韵之书。为统一文字计，转注决不可少，音韵亦不得不讲也。

假借之与转注，正如算术中之正负数。有转注，文字乃多；有假借，文字乃少。一义可造多字，字即多，转注之谓也。本无其字，依声托事，如令、长是，假借之类也。令之本义为号令，发号令者谓之令，古之令尹，后之县令，皆称为令，此由本义而引申者。长本长短之长，引申而为长幼之长。成人较小孩为长，故可引申，再引申而为官长之长，以长者在幼者之上，亦犹官长在人民之上也。所谓假借，引申之谓耳。惑者不察，妄谓同声通用为假借。夫同声通用，别字之异名耳。例如前后之前，许书作歬，今乃作剪。剪，剪刀之剪也。汉以后，凡歬均作前。《三体石经》犹不作前。夫妄写别字，汉以后往往有之，则汉以前亦安见其必无？周公、孔子，偶或误书，后人尊而为之讳言，于是美其名曰假借。实则别字自别字，假借自假借，乌可混为一谈？六书中之假借，乃引申之义，如同声通用曰假借，则造拼音字足矣。夫中国语之特质为单音，外国语之特质为复音。如中土造拼音字，则此名与彼名同为一音，不易分辨，故拼音之字不适于华夏。仓颉为黄帝史官，黄帝恐亦如刘裕一流，难免不写别字耳。是故同声通用，非《说文》所谓假借。《说文》所谓假借，乃引申之义，非别字之谓也。否则许君何不谓"本有其字，写成别字，假借是也"乎？"本无其字"者，有号令之令，无县令之令；有长短之长，无令长之长。故曰无也。造一令字，包命令、县令二义。造一长字，包长短、长幼、官长三义，此之谓假借。

外此，假借复有一例。唐、虞、夏、商、周五字，除夏与本义犹相近外，唐为大义，非地名；虞为驺虞义，非地名；商为商量义，周为周密义，均非地名。此亦"本无其字，依声托事"也。如别造一字，唐旁加邑为鄌，虞、商、周亦各加邑其旁，亦何不可？今则不然，但作唐、虞、商、周，非依声托事而何？此与令、长意别，无引申之义，仅借作符号而已。

外此，复有一例。如重言之联语、双声之联语、叠韵之联语。凡与本义不相关者，皆是也。《尔雅》："懋懋、慔慔，勉也。""佌佌、琐琐，小也。""悠悠、洋洋，思也。""烝烝、遂遂，作也。"此重言之联语，有此义无此字，亦"本无其字，依声托事"之假借也。参差、双声之联语，参与不齐无关。辗转、双声而兼叠韵。辗，《说文》作報。報与知恋反之转不相关。①诪张双声，诪或作侜，与幻义不相关。皆以双声为形容也。消摇、消者消耗，摇者摇动，皆无自在义。须臾、须，颊毛也。臾，抴也。皆无顷刻义。皆以叠韵为形容也。有看似有义，实则无义者。如抢攘，《说文》无抢，作枪，攘作齱，二字合而形容乱

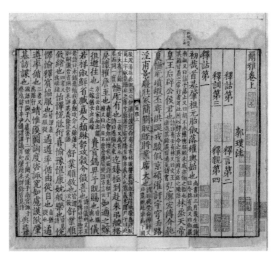

《尔雅》书影。该书成书于战国或两汉之间，收集了丰富的古汉语词汇，被认为是中国训诂的开山之作、辞书之祖

---

① "知恋"，原作"恋知"，据《说文解字》改。

义。要之，联词或一有义，或均无义，皆"本无其字，依声托事"也，皆假借也。是故，不但令、长可为假借之例，唐、虞、商、周，懋懋、懂懂、参差、抢攘，均可作假借之例。由此可知假借之例有三：一、引申；二、符号；三、重言、双声、叠韵之形容，皆"本无其字，依声托事"也。乌得以同声通用当之哉？同声通用，治小学者亦不得不讲。惟同声通用乃小学之用，非六书造字之旨耳。

引申、符号、形容，有此三者，文字不必尽造，此文字之所以简而其用普也。要之，《说文》只九千字，《仓颉篇》殆不过三千字，周、秦间文化已启，何以三千字已足？盖虽字仅二千，其用则不止三千，一字包多义，斯不啻增加三四倍矣。

以故，转注、假借，就字之关联而言。指事、象形、会意、形声，就字之个体而言。虽一讲个体，一讲关联，要皆与造字有关。如戴氏所云，则与造字无关，乌得厕六书之列哉？余作此说，则六书事事不可少；而于造字原则，件件皆当，似较前人为胜。

造字之始于仓颉，一见于《世本》，再见于《荀子》，三见于《韩非子》，而《说文序》推至伏羲画卦者，盖初文之作，不无与卦画有关。如 ☵ 即坎卦是已。若汉人书坤作 川，《经典释文》亦然；宋人妄说坤为六断，实则坤与川古音相近，川、川 相衍，义或近是。《尔雅·释水》："水中可居者曰州。"大地抟抟，水绕其旁，胥谓之州。故邹衍有大九州之说。释典有海中可居者四大洲之言。川 者 川 之重也。气字作 ，与 ☰ 卦近似。天本积气，义亦相合。此三卦与初文皆有关系。言造字而推至画卦，义盖在是。

《序》又言："见鸟兽蹄远之迹，知分理之可相别异，初造书契。"

此义汉儒未有所阐。案：《抱朴子》："八卦象鹰隼之翩。"其言当有所受。《易·系》言："古者庖牺氏之王天下也，仰则观象于天，俯则观法于地，观鸟兽之文，与地之宜。"所谓鸟兽之文者，鹰隼之翩，当居其一。鹰翩左右各三，象其全，则为☰，去其身，则为☶，此推至八卦之又一说也。

造字之后，经五帝三王之世，改易殊体，则文以寖多，字乃渐备。初文局于象形、指事，不给于用。《尧典》一篇，即非初文所可写定。自仓颉至史籀作大篆时，历年二千。其间字体，必甚复杂。史籀所以作大篆者，欲收整齐画一之功也。故为之厘订结体，增益点画，以期不致淆乱。今观籀文，笔画繁重，结体方正。本作山旁者，重之而作屾旁。本作巛旁者，重之而作巛巛旁。较钟鼎所著踦斜不整者，为有别矣。此史籀之苦心也。惜书成未尽颁行，即遇犬戎之祸，王畿之外，未收推行之效。故汉代发见之孔子壁中经，仍为古文。魏初邯郸淳亦以相传之古文书《三体石经》（北宋苏望得《三体石经》，刻之于洛阳，见洪氏《隶续》，民十一，洛阳出土《石经》存二千余字）。至周代所遗之钟鼎，无论属于西周或属于东周，亦大抵古文多而籀文少。此因周宣初元至幽王十一年，相去仅五十余年，史籀成书，仅行关中，未曾推行关外故也。秦兼天下，李斯奏同文字，罢其不与秦文合者，作《仓颉》等三篇，取史籀大篆，或颇省改，后世谓之小篆。今观《说文》所录重文，古文有三百余字，而籀文不及二百。此因小篆本合籀文。籀文繁重，李斯略为改省。大篆、小篆，犹世言大写、小写矣。

秦时发卒兴戍，官狱繁多，程邈作隶，以趣约易。施用日广，于是古文几绝。秦隶今不可见，顾蔼吉《隶辨》言秦隶之遗于今者，若秦量、秦权、秦诏版等，文虽无多，尚可见其大意。大概比篆书略加省改，而笔意仍为篆书。即西汉之吉金石刻，虽为隶体，亦多用篆笔书写，与后世之挑剔作势者不同。东汉时，相传有王次仲者，造作八分，于是隶法渐变，即今日所称之汉隶也。今所见之汉碑，多起于东汉中叶以后。东汉初年之《三公山碑》，尚带篆意；《石门颂》亦然；《裴岑纪功碑》虽隶而仍兼篆笔，盖为秦隶之遗。桓灵时之碑刻，多作八分，蔡邕之《熹平石经》亦八分也。八分与隶书之别，在一有挑剔，一无挑剔，譬之颜、欧作楷，笔势微异耳。《说文序》又言："汉兴有草书。"卫恒言："草书不知作者姓名。"今案：草书之传世者，以史游《急就篇》为最先，而赵壹亦谓起秦之末。但《论语》有"裨谌草创"之语。《屈原传》亦有"屈平属草稿未定"语。此所谓草，是否属稿之际，作字草率牵连，或未定之稿曰草稿，均不可知。东周乙亥鼎文，阮元以为草篆，后人颇以为非。余谓凡笔画本不相连，而忽牵连以书者，即可认为草书之起源。如二十并作卄，四十并作卅，是矣。又古文㞢或作㞢，㞢从止从巛，可以六书解说。㞢为㞢之上半，应作㞢，而今作㞢，不能以六书解，或古人之所谓草乎？要之，此所谓草，与汉以后从隶变者不同，必从大篆来也。

《说文序》言"秦烧灭经书，古文由此绝"。绝者，不通行之谓，非真绝也。秦石刻之乁字，即古文及字。又秦碑戎字，亦系古文（小篆作㦳）。而卄字秦碑中亦有之。盖秦时通行篆隶，古文易乱，不过施诸碑版，一如今世通行行楷，而篆盖墓碑，多镂刻篆文耳。

秦、汉之际，识古文者犹多。鲁恭王坏孔子宅，得《尚书》《礼记》《春秋》《论语》《孝经》数十篇。《史记·儒林传》：孔氏有古文《尚书》，孔安国以今文读之，因以起其家。汉初传《尚书》者有伏生

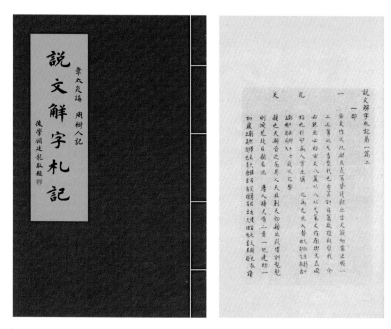

章太炎讲述、周树人记《说文解字札记》书影。 章太炎在日本主《民报》笔政之暇，集合东京的部分留学生于 1908 年 4 月起举办国学讲习会，曾先后讲授《说文》《庄子》《楚辞》《尔雅义疏》《广雅疏证》等六十余次

二十九篇，而孔壁所得多十六篇。夫汉景末年，去焚书时已七十年，若非时人多识古文，何能籀读知其多十六篇哉？可见汉初犹多识古文也。《礼经》五十六篇，亦壁中经，中有十七篇与高堂生所传相应，余三十九篇，两汉尚未亡佚。观郑康成《注》，常引逸《礼》，康成当有所受，知汉时识古文者多矣。又，《论语》亦壁中经，本系古文，而《鲁论》《齐论》，均自古文出，虽文字略异，而大旨相同。试问当时何以能识？无非景、武之间，仍有识古文者，孔安国得问之耳。又，北平侯张苍献《春秋左氏传》。张之献书，当在高后、文帝时，张以之传贾谊，贾作训诂，以授赵人贯公。贾由大中大夫出为太傅，

在都不过一年，斯时张为达官，传授之际，盖略诏大意而已，岂真以一十九万字，手指口授，字字课贾生哉？则贾之素识古文可知。又，《封禅书》言：武帝有古铜器，李少君识之，谓"齐桓公十年陈于柏寝"，案之果然。《太史公自序》："年十岁则诵古文。"凡此种种，均可见古文传授，秦以后未尝断绝。至汉景、武间，识古文者犹多也。

且也，《老》《庄》《荀子》，无今古文之别。其书简帛者，为古文无疑（作《吕览》时尚无小篆）。秦焚书时，当亦藏之屋壁，迨发壁后，人多能读。不识古文，焉能为此？河间献王得古文先秦旧书《孟子》《老子》之属，《孟子》亦以古文书之，余可知矣。今人多以汉高、项王为不识字，其实不读书则有之，不识字则未然。项籍少时，学书不成，项梁教之兵法；沛公壮试为吏，皆非目不识丁所能为。张良受太公兵法于黄石公；萧何引《逸周书》以对高祖；楚元王与申公受《诗》于浮邱伯；张耳、陈余雅好儒术；贾山之祖贾祛，故魏王时博士弟子，山受学于祛，涉猎书记，凡此皆能识古文之人。汉文时，得魏文侯乐人窦公，年百八十，其书即《周礼·大司乐》章。窦公目盲，其书盖未盲时所受，定系古文。然一献而人能识之，可证当时识者尚多。至东汉许君之时，识古文者渐少。盖汉以经术取士，经典一立学官，人人沿习时制，其书皆变古而为隶矣。若伏生之二十九篇，当初本为古文，其后辗转迻写，遂成隶书。高堂生传《礼》，最初为篆为隶，盖不可知。《诗》则成诵于口，与焚书无关，故他书字形或有貤谬，而齐、鲁、毛、韩四家，并无因字体相近而致误者。《易》以卜筮独存，民间所传，自田何以至施、孟、梁丘，皆渐由古文而转变为隶。《左传》本系古文，当时学者鲜见。《公羊》初凭口受，至胡毋生始著竹帛，为隶书无疑。大抵当时利禄之途已开，士人识隶已足，无须进研古籀。许君去汉武时已三百余年，历年既久，识古文者自渐寥落。而一二古文大师，得壁中经后，师弟相传，辗转录副以藏，以不立学官，故在民间自相传授，寖成专家。此《三体石经》之古文所由来也。夫认识文字，端在师弟相传。《说文》所录古文，不过三百余字，今《三体石经》尚有异体，缘壁经古文，结体凌乱，有不能以六书解者，许君不愿穿凿，因即屏去不录。如《穆天子传》"八骏"之名，今亦不能尽识也。

汉时通行载籍，沿用隶书，取其便于诵习，而授受弟子，则参用古文。《后汉书·贾逵传》："章帝令逵自选诸生高才者二十人，教以《左氏》，人与简纸经、传各一通。"盖简载古文，而纸则隶写。至郑康成犹然，康成《戒子书》云："所好群书，率多腐敝，不得于礼堂写定，传与其人。"所谓"腐敝"者，古文本也。

马、郑《尚书》，字遵汉隶。而《三体石经》之古文，则邯郸淳自有所受。若今世所行之《伪古文尚书》，《正义》言为郑冲所作，由魏至晋，正《三体石经》成立之时，郑冲即依石经增改数篇，以传弟子。东晋元帝时，枚颐献之于朝。人见马、郑本皆隶书而此多古字，遽信以为真古文孔《传》，遂开数千年聚讼之端。今日本所谓足利本隶古定《尚书》，宋薛季宣《书古文训》，字形瑰怪，大体与石经相应。敦煌石室所出《经典释文》残卷，亦与之相应。郭忠恕《汗简》，征引古文七十一家，中有古《尚书》，亦与足利本及《书古文训》相应。盖此二书乃东晋时之《尚书》，虽非孔壁之旧，而多存古字，亦足宝矣。

唐人不识古文，所作篆书，劣等字匠。唐高宗时之《碧落碑》，有真古文，亦有自造之字。北宋以还，钟鼎渐渐发现，宋人释钟鼎文者，大都如望气而知。清人则附会六书，强为解释。夫以钟鼎为古物，以资欣赏，无所不可。若欲以钟鼎刻镂，校订字书，则适得其反耳。至如今人哗传之龟甲文字，器无征信，语多矫诬。皇古占卜，蓍龟而外，不见其他。《淮南子》云："牛蹄彘颅，亦骨也，而世弗灼，必问吉凶于龟者，以其历岁久矣。"可见古人稽疑，灵龟而外，不事骨卜。今乃兽骨龟厌，纷然杂陈，稽之典籍，何足信赖？要知骨卜一事，古惟夷貊用之，中土无有也。庄子言宋元君得大龟，七十二钻而无遗策。唐李华有《废卜论》，可见龟卜之法，唐代犹存。开元时孟诜作《食疗本草》，宋苏颂《图经》及《日华本草》，皆言已卜之龟，必有钻孔，名之曰"漏天机"。虽绝小之龟，亦可以钻十孔。钻孔多则谓之"败龟板"也。夫灼龟之典，载于《周礼》。凿孔以灼，因以观兆。无孔则空气不通，不能施燋，无以观兆。今所得者，累然成贯，而为孔甚少，不可灼卜。或者方士之流，伪作欺人，一如《河图》《洛书》之傅合《周易》乎？其文字约略与金文相似，盖造之者亦抚摹钟鼎，而异其钩画耳。夫钟鼎文字，尚有半数可认，亦如二王之草书笺帖，十有六七可识，余则难以尽知，不妨阙疑存信。若彼龟甲文者，果可信耶，否耶？

贵州有《红崖碑》，摩崖巨刻，足壮观瞻。惟文字为苗为华，讫不可知。邹汉勋强为训释，真可谓器真而解之者妄。又如古人刀布，不可识者甚多，周景王大钱，上勒𥝱乚二文，解之者或谓"宝货"，或以为"燕货"。钱文类此者多，学者只可存而不论。大抵钟鼎文之可识者，十可七八；刀布则十得五六；至于龟甲，则矫诬之器，荒忽之文而已。

古昔器物，近代出土愈多，而作伪者则各异其心理。大抵轻而易

《三体石经》刻于公元 241 年(三国魏齐王曹芳正始二年)，原立于魏都洛阳南郊太学讲堂西侧。 因碑文每字皆用古文、小篆和汉隶三种字体写刻，故名。 石经刻有《尚书》《春秋》和部分《左传》，是继东汉《熹平石经》后建立的第二部石经

举者，为数必众。钟鼎重器，铸造匪易，故伪者尚少。刀布之类，聚铜镕焠，亦非巨资不办。至于龟甲，则刚玉刻画，顷刻可成。出土日众，亦奚怪哉！

是故，居今而研文字，当以召陵正书为归；外此则求古文于《三体石经》，亦属信而有征。至于籀文，则有石鼓文在。如是而一轨于正，庶不至误入歧途矣。

（由王乘六、诸祖耿记录，载章氏国学讲习会编印《章氏国学讲习会讲演记录》第一期，一九三五年十月出版。）

小学略说（下）

（一九三五年）

语言不凭虚而起，文字附语言而作。象形象声，神旨攸寄。表德表业，因喻兼综。是则研讨文字，莫先审音。字音有韵有纽，发声曰纽，收声曰韵。兹先述韵学大概。韵分古音、今音，可区别为五期，悉以经籍韵文为准。自《尧典》《皋陶谟》以至周、秦、汉初为一期；汉武以后至三国为一期；两晋、南北朝又为一期；隋、唐至宋亦为一期；元后至清更成一期。泛论古音，大概六朝以前多为古音；今兹所谓古音，则指两汉以前。泛论今音，可举元、明、清三代；今则以隋、唐为今音。此何以故？因今之韵书俱以《广韵》为准，而言古音则当以《诗经》用韵为准故。

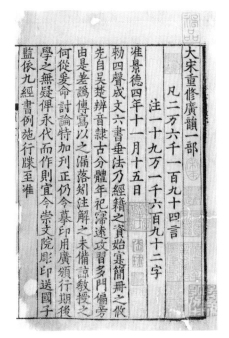

《广韵》书影。《大宋重修广韵》成书于1008 年，由陈彭年等人奉诏据《切韵》修订而成，分为上平声、下平声、上声、去声、入声五卷，共计 206 韵

《广韵》之先为《切韵》，隋开皇初，陆法言与刘臻等八人共论音韵，略记纲纪，后定为《切韵》五卷。唐孙愐勒为《唐韵》，至宋陈彭年等又增修为《广韵》。古今音之源流分合，悉具于是。

泛论古音，有吴才老之《韵补》，虽界限凌乱，而能由《广韵》以推《诗经》用韵分部，实由此起。至今音则每杂有方音。《广韵》二百六韵，即以平声五十七韵加入声三十四韵，亦有九十一韵。以音理论，口齿中能发者不过二十余韵，何以《广韵》多至此数？此因《广韵》虽以长安音为主，亦兼包各处方音，且又以古今沿革分韵故也。

汉人用韵甚简，而六朝后渐繁。即汉前人用韵，亦比汉朝为繁。如孔子赞《易》，老子著《道德经》，皆协韵成文。至汉人之诗，用韵尚谨严，赋已不甚谨严。若焦氏《易林》，用韵益复随意。他若《太史公自序》之叙目，及《汉书》之述赞，用韵更不严矣。宋郑庠分古音为六部，后人言郑之分部止合于汉人用韵，且亦仅合于《易林》、述赞之类，不合于赋，更不合于诗。

顾亭林之《唐韵正》《古音表》析为十部，律以汉诗用韵，未尽密合。江慎修改为十三部，虽较为繁密，仍嫌不足。戴东原《声类表》分平声十六韵，入声九韵，平声阴阳各半，而闭口韵有阳无阴，入声仅系假设，所以实得十有六韵。古音至戴氏渐臻完密。段懋堂《音韵表》分十七部，孔巽轩《诗声类》分十八部，王怀祖分二十一部。与郑氏之说相较，相差甚远。然王氏之二十一部，尚有可增可减之处。

自唐以来，以今音读古之辞赋，一有不谐，便谓"叶韵"。陆德明见《诗》"燕燕于飞"以南与音、心为韵，以为古人韵缓，不烦改字。要知音、心属侵，南属覃，晋人尚不分部，陆氏生于陈时，已不甚明古音。自叶韵之说出，而古人正音渐晦。借"叶"之一字以该千百字之变，天下岂有此易简之理哉！清高宗作诗，至无韵可押，强以其字作他音协之。自古至今，他人断无敢如此妄作者。明陈第言凡今所称协韵，皆即古之本音，非随意改读，辗转迁就。如母必读米，马必读姥，京必读疆，福必读逼之类。历考诸篇，悉截然不紊。且不独《诗经》为然，周、秦人之韵文，无不皆然。且童谣及梦中歌谣，断不至有意为叶韵之事。若《左·昭二十五年传》载《鸲鹆歌》，"野"读"墅"，"马"读"姥"。哀十七年《传》，卫侯梦浑良夫被发之呼，"瓜"音为"姑"是也。自此说出，而韵学大明。清人皆信古本音之说，惟张成孙不信之，谓古人与我相隔二千年，不能起而与之对语，吾人何由知其本音正读如此乎？然以反切定韵，最为有据。如"等"字一多肯切，一多改切。"莽"字一模朗切，一莫补切。"等"本与"待"相通借，多改切之"等"即出于"待"。莫补切之"莽"，古书中不乏其例。《离骚》莽与序、暮为韵，又莽何罗即马何罗。汉武帝时马何罗与弟马通谋反伏诛。通之后为马援，援女为明德皇后，恶其先人叛逆，耻与同宗，改称之曰莽何罗。马，汉音读"姥"，莽、马同声，此古本音之极有凭证者也。

《集韵》所收古音，比《广韵》为多。《经典释文》所无之字音，《集韵》时有之。如"天"，一音他前切，一音铁因切。"马"，一音莫下切，一音满补切。"下"，一音胡雅切，一音后五切。在唐以前之韵书都无此音。意者丁度等撰《集韵》时，已于《诗经》《楚辞》中悟得此理。故本音之说虽发自陈第，而《广韵》《集韵》已作骈骊之开道。是故求古韵，须知其音读原本如此，非随意改读，牵强迁就。

《易》《诗》《老子》《楚辞》如此，后汉、六朝之韵文亦如此。

唐杜、韩之诗，有意摹古，未必悉合《唐韵》。杜诗于入声韵每随意用之。韩则有意用古。其用韵或别有所本，亦未可知。古代韵书今仅存一《广韵》矣。魏、晋、六朝之韵书，如李登《声类》、吕静《韵集》，悉不可见。意者唐人摹古拟古诸作，乃就古人所用之韵而仿为之，必非《唐韵》亦如此也。自天宝以后，声音略有变动。白乐天用当时方音入诗，如《琵琶行》以住、部、妒、污、数、度、故、妇为韵，上去不分，非古非今。此因晚唐长安之音，妇、亩、富等字皆转入语、麌、姥、御、遇、暮诸韵。观慧琳《一切经音义》可知。

《唐韵》分合，晚唐人已不甚知，宋人更不知之。宋人作诗，入声随意混用，词则常以方音协之。北宋人词，侵、覃与真、寒不混，而南宋人词则混用不分矣。须知侵、覃闭口音，以半摩字收；真、寒不闭口，以半那字收。今交、广人尚能分别。此其故，当系金、元入据中原之后，胡人发音不准，华人渐与同化，而交、广僻在岭南，尚能保存古音。今江河之域，三、山二音不分，两广人闻之，必嗤为讹音，而在唐时或已有此等读法。是故唐人有嘲人语"不正诗"，以其因、阴混用，不分闭口、不闭口也。

日人读我国之音，有吴音、汉音之别。吴音指金陵音，汉音指长安音。听其所读汉音实与山西西部、陕西东部略近。吾人今读"江"与"阳"通，江西人读"江"为"龚"，发声时口腔穹窿，与东音相近。阳韵日本汉音读"阳"若"遥"，"章"读如"宵"，"张"读如"敲"。正与山陕人方音相似，此盖唐人音读本如此也。

欲明音韵，今音当以《广韵》为主，古韵以《诗经》为主，其次则《易赞》《楚辞》以及周、秦人之韵文。顾亭林初欲明古音以读《诗经》，其结果反以《诗经》明古音。诗即歌曲，被之管弦，用韵自不能不正，故最为可据。陈第《毛诗考》未分部，顾氏分十部，仍以《广韵》之目为韵标。因《广韵》虽系一时之音，尚有酌古准今之功。有今韵合而古韵分者，《广韵》亦分之；有今韵分而古韵合者，《广韵》亦分之。如支、脂、之为一类，唐后不分，而六朝人分之。东、冬、钟、江为一类，江韵古音与东、冬、钟相同，所以归为一类。然冬韵古音，昔人皆认为与东相近。孔巽轩则以为冬古音与东、钟大殊，而与侵最近，严铁桥更谓冬即侵也，不应分为二类。要之，冬、侵相近，其说是也。至于取《广韵》部目以标古韵，本无不合。亦有人不喜用《广韵》部目者，如张成孙《说文谐声谱》，以《诗》中先出之字建首是也。要知用一字标韵，原不过取其声势大概如此，今不用《广韵》标目而用他字，其所以为愈者何在？阮芸台元不知韵学，以为张氏之书，一扫千古之障，其实韵目只取其收声耳。戴东原深知此理，故《声类表》，取喉音字标目，如东以翁、阳以央，则颇合音理矣。是故废《广韵》之谱而自立韵标，只有戴法可取。

戴氏不但明于韵学，且明于音理。欲明韵学，当以《诗经》之用韵仔细比勘，视其今古分合之理。欲明音理，当知分韵虽如此之多，而彼此有衔接关系。古人用韵，并非各部绝不相通，于相通处可悟其衔接。吾人若细以口齿辨之，识其衔接之故，则可悟阴阳对转之理，异侈旁通之法矣。对转之理，戴氏发明之，孔氏完成之。

前之顾氏，后之段氏，皆长于韵学，短于音理。江氏颇知音理，戴氏最深，孔氏继之。段氏于《诗经》、楚《骚》、周、秦、汉、魏韵文中，发见支、脂、之三韵。古人分别甚严，而仍不识其所以分别之理，晚年询之江有诰，有"得闻其故，死而无憾"之言。江虽于音理较深，亦未能阐明其故。盖音理之微，本非仓卒所能豁然贯通也。如不知音理而妄谈韵学，则必如苗仙簏之读《关雎》鸠、洲、仇入《广韵》萧、豪韵矣。顾亭林音理不深，但不肯矫揉造作，是以不如苗病之多。如歌、麻二字，古人读麻长音，读歌短音，当时争论甚多，顾不能决，此即不明音理故也。居今日而欲明音韵之学，已入门者，宜求音理；未入门者，先讲韵学。韵学之道，一从《诗经》入手，一从《广韵》入手，多识古韵，自能明其分合之故。至求音理，则非下痛切工夫不可。

今人字母之称，实不通之论也。西域文字以数十字辗转相拼，连读二音为一音，拼书二字为一字，故有字母之制。我国止有"说文部首"，可以称为字母。《唐韵》言纽以双声叠韵，此以二音譬况一音，与梵书之以十四字母贯一切音者大异。唐末五代时，神珙、守温辈依附《华严》《涅槃》作三十六字母。至宋沈括、郑樵诸人，始盛道之。然在唐、宋以前，反语久已盛行。南北朝人好为体语，即以双声字相调侃。《洛阳伽蓝记》载李元谦过郭文远宅，见其门阀华美，乃曰："是谁第宅？"郭婢春风出曰："郭冠军家。"元谦曰："彼婢双声"，春风曰："儜奴慢骂。"元谦服婢之能。盖双声之理从古已具也。

今之三十六字母排次亦不整齐，如喉音、牙音均可归喉，半齿弹舌应归舌头，故当改为：

（喉音）		（舌音）		（齿音）		（唇音）	
（深）	（浅）	（舌头）	（舌上）	（正齿）	（齿头）	（重）	（轻）
影	见	端、透	知	照	精	帮	非
晓	溪	定	彻	穿、床	清、从	滂	敷
匣	群	泥、来	澄	审	心	並	奉
喻	疑	日	娘	禅	邪	明	微

疑应读如皑而齐齿呼之，泥应读你平声，从音广东呼之最清。非、敷二纽，今人不易分别。江慎修言：非，发声宜微开唇缝轻呼之，敷，送气重呼之。使敷音为奉之清，则二母辨矣。如芳字为敷纽，敷方切。方字为非纽，府良切。微音惟江浙人呼之最为分明，粤人读入明纽，北音读入喻纽。知、彻、澄，南音往往混入照、穿、床，闽人读知如低，则舌上归于舌头矣。钱竹汀言古音无舌头舌上之分，知、彻、澄三纽，古音与端、透、定无异。则闽语尚得古音之遗。又轻唇之字，古读重唇。非、敷、奉古读入帮、滂、並①，直至唐人犹然。钱氏发明此理，引证甚多。《广韵》每卷后附类隔更音和切。类隔者，谓切语上字与所切之字非同母同位同等也，音和则皆同。钱氏谓类隔之说不可信，今音舌上，古音皆舌头，今音轻唇，古音皆重唇也。且不独知、彻、澄古读入端、透、定，即娘、日二纽，古并归泥。泥今音读你之平声，尼读入娘母，而古读则尼与泥无异。仲尼之母祷于尼丘，生而首上圩顶，因名曰丘，字曰仲尼。《尔雅·释丘》："水潦所止泥丘。"《说文》："𡆣，反顶受水丘也，从泥省。"泥亦声。汉碑仲

---

① "並"，原误作"明"，据《十驾斋养新录》正。

尼有作仲泥者。《颜氏家训》言"仲尼居"三字，《三苍》尼旁益丘。可见古音尼、泥同读。娘，金陵人读之似良，混入来纽。而来、日古亦读入泥纽。如戎今读日纽，古音如农；若，古读女六切；如，古读奴；尔，古读你。《诗·民劳》"戎虽小子"，《笺》云"戎犹汝也"。今江浙滨海之人，尚谓汝为戎。古人称人之词曰乃、尔、戎、若，皆一声之转。仍，今在日纽，古人读仍与乃通。《尔雅》"仍孙"，《汉书·惠帝纪》"内外公孙耳孙"，师古曰："仍、耳声相近，盖一号也。"仍从乃得声，则仍、耳古皆在泥纽矣。由是言之，知、彻、澄古归入端、透、定。非、敷、奉、微，古读如帮、滂、並、明。娘、日并归泥。是三十六纽减去其九，仅存二十有七耳。陈兰甫据《广韵》切语上字，以为喻、照、穿、床、审五纽，俱应分而为二。因加于、庄、初、神、山五纽，而明、微则不别，合成四十纽。但齿音加四而唇吻不能尽宣。喻分为于，同为撮口，纽音亦无大殊。陈说似未当也。然如江慎修之视若神圣，以为不可增减，亦嫌未谛。如收声之纽多浊音，无清音，泥、娘、来、日皆是。然黏本读泥纽，今读娘纽而入清音，则多一纽矣。来纽浊音，今有拎字，则为来纽清音，则又多一纽。声音之道，本由简而繁，古人止能发浊音，而今人能发清音，则声纽自有可增者在。

清浊之分，本不甚难。坚清乾浊，见清健浊。洁清竭浊，检清俭浊，今人习言之阴阳平，即平声之清浊也。上去入亦皆可分清浊，惟黄河流域止能分平声清浊。上去入多发浊音，故有阴、阳、上、去、入之说，大约起于金元之间。南方上、去、入亦能各分清浊。上声较难，唯浙西人能分别较然。故言音韵者，常有五声七声之辨，兹重定声纽清浊发送收列表于下：

影	清	发声		晓	清	送气
匣	浊	送气		喻	浊	收声
见	清	发声		溪	清	送气
群	浊	送气		疑	浊	收声
端	清	发声		透	清	送气
定	浊	送气		泥	浊	收声
来	浊	收声之余		知	清	发声
彻	清	送气		澄	浊	送气
娘	浊	收声		日	浊	收声之余
照	清	发声		穿	清	送气
床	浊	送气		审	清	发声
禅	浊	送气		精	清	发声
清	清	送气		从	浊	送气
心	清	发声		邪	浊	送气
帮	清	发声		滂	清	送气
並	浊	送气		明	浊	收声
非	清	发声		敷	清	送气
奉	浊	送气		微	浊	收声

音呼分等，有开合之分，《切韵指掌图》首列为图。图为宋人所作，世称司马温公所撰，似未必是。开合之音，各有洪细，开口洪音为开口，细音为齐齿。合口洪音为合口，细音为撮口。可举例以明之，如见纽，“见”为齐齿，“幹”为开口，“观”为合口，“卷”为撮口。音呼应以四等为则，今之讲等韵者，每谓开合各有四等，此则虚列等位，唇吻所不能宣，吾人殊未敢深信也。

古人分韵，初无一定规则，有合撮为一类，开齐为一类者，有开齐合撮同归一类者，亦有开齐分为两类者。此在《广韵》中可细自求之。古韵歌与羁、姑与居同部，今韵歌、支、模、鱼各为一韵。论古韵昔人意见各有不同，段懋堂以为真与谆、侯与幽均宜异部，戴东原则以为可不分。实则分之固善，合之亦无不可。侯、幽二韵，《诗经》本不同用，真、谆之应分合，一时亦难论定。盖以开、齐、合、撮分韵，古人亦未斠若画一也。

孙愐撰《唐韵》，已在天宝之末。其先唐玄宗自作《韵英》，分四百余韵，颁行学官。后其书不传。唐人据《韵英》而言者，亦甚少。大概严格分别，或须四百余韵，或竟不止此数。据音理而论，确宜如此。今《广韵》分二百六韵，多有不合音理者。然韵书部居分合之故，作者未能详言，吾人亦不能专以分等之说细为推求，其大要则不可不知。

四声之说起于齐、梁。而双声叠韵由来已久。至反切始于何时，载籍皆无确证。古人有读如、读若之例，即直音也。直音之道，有时而穷。盖九州风土刚柔有殊，轻、重、清、浊，发音不齐。更有字止一音，别无他读，非由面授，莫能矢口。于是反切之法应运而起。《颜氏家训》以为反语始于孙叔然作《尔雅音义》，说殊未谛。盖《汉书音义》已载服虔、应劭反切。不过释经用反语，或始于叔然耳。反语之行，大约去孙不远。《家训》言汉末人独知反语，魏世大行。高贵乡公不解反语，以为怪异。王肃《周易音》据《经典释文》所录，用反语者十余条。肃与孙炎说经互相攻驳。假令叔然首创反语，肃肯承用之乎？服、应与郑康成同时，应行辈略后。康成注经止用读若之例，则反语尚未大行。顾亭林谓经传中早有反语，如"不律"为笔，

"蔽膝"为韠，"终葵"为椎，"蒺藜"为茨。然此可谓反语之萌芽，不可谓其时已有反切之法。否则许氏撰《说文》，何不采用之乎？《说文》成于汉安帝时，服、应在灵帝时，去许已六七十年，此六七十年中，不知何人首创反语，可谓一大发明。今《说文》所录九千余字，吾人得以尽识，无非赖反切之流传耳。

远西文字表韵常用喉音，我国则不然。因当时创造之人未立一定规律，所以反切第二字随意用之。今欲明反切之道，须知上一字当与所切之字同纽，即所谓双声也；下一字当与所切之字同韵，即所谓叠韵也。定清浊在上一字，分等呼在下一字。如：东，德红切，东德双声，东红叠韵，东德均为清音，东红均为合口呼。学者能于三十六字纽发声不误，开齐合撮分别较然，则于音韵之道思过半矣。

学者有志治经，不可不明故训，则《尔雅》尚已。《尔雅》一书，《汉志》入"孝经类"，今入"小学类"。张晏曰："尔，近也；雅，正也。"《论语》："子所雅言。"孔安国亦训雅言为正言。《尔雅》者，厘正故训纲维群籍之书也，昔人谓为周公所作。魏张揖《上广雅表》言：周公著《尔雅》一篇，今俗所传三篇，或言仲尼所增，或言子夏所益，或言叔孙通所补，或言沛郡梁文所考。朱文公不信《尔雅》，以为后人掇拾诸家传注而成。但《尔雅》之名见于《大戴礼·小辩》篇："鲁哀欲学小辩，孔子曰：小辩破言，小言破义，《尔雅》以观于古，足以辩言矣。夫弈固十棋之变，由不可既也，而况天下之言乎？"（哀公所欲学之"小辩"，恐即后来"坚白同异"之类。哀公与墨子相接，《墨子》经、说，即"坚白同异"之滥觞。《庄子·骈拇》篇："骈于辩者，累瓦结绳，窜句游心于坚白同异之间，而敝跬誉无用之言非乎？而杨墨是已。"是杨朱亦持小辩。杨墨去鲁哀不及百年，则

《伏生授经图》。 伏生，亦称伏胜，先秦博士，济南人氏。 秦始皇焚书坑儒，伏生藏书于壁中。 汉文帝时，寻人讲授《尚书》，伏生年逾九十，行走不便，文帝令太常掌故晁错至伏生门下，接受教诲，从而传下二十九篇

春秋之末已有存雄无术之风，殆与晋人之好清谈无异。）张揖又言："叔孙通撰置《礼记》，言不违古。"则叔孙通自深于雅训。赵邠卿《孟子题辞》言："孝文皇帝欲广游学之路，《论语》《孝经》《孟子》《尔雅》皆置博士。"可见《尔雅》一书在汉初早已传布。朱文公谓为掇拾传注而成，则试问鲁哀公时已有传注否乎？伏生在文帝时始作《尚书大传》，《大传》亦非训诂之书。《诗》齐、鲁、韩三家，初只《鲁诗》有申公训故。申公与楚元王同受《诗》于浮丘伯，是与叔孙通同时之人。张揖既称叔孙通补益《尔雅》，则掇拾之说何由成立哉？

　谓《尔雅》成书之后代有增益，其义尚允。此如医家方书，葛洪撰《肘后方》，陶弘景广之为《百一方》。又如萧何定律，本于《法

经》。陈群言李悝作《法经》六篇，萧何定加三篇。假令汉律而在，其科条名例，学者初不能辨其孰为悝作，孰为萧益。又如《九章算术》，周公所制，今所见者为张苍所删补，人亦孰从而分别此为原文，彼为后出乎？读《尔雅》者，当作如是观。

《尔雅》中诠诂《诗经》者，容有后人增补。即如"郁陶，喜也"，乃释《孟子》；"卷施，拔心不死"，则见于《离骚》。又如《释地》《释山》《释丘》《释水》诸篇，多杂后人之文。《释地》中九州与《禹贡》所记不同，其"从《释地》以下至九河，皆禹所名也"二语，或为周公故训耳。

以《尔雅》释经，最是《诗》《书》。毛《传》用《尔雅》者十得七八。《汉志》言：《尚书》古文，读应《尔雅》。则解诂《尚书》亦非用《尔雅》不可。然毛《传》有与《尔雅》立异处，如"履帝武敏。"武，迹也。敏，拇也。三家《诗》多从《尔雅》，毛则训敏为疾，意谓敏训拇，则必改为"履帝敏武"，于义方顺。又如"籧篨戚施"，《尔雅》以"籧篨"为口柔，"戚施"为面柔，夸毗为体柔。毛《传》则谓："籧篨不能俯者，戚施不能仰者。"此据《晋语》"籧篨不可使俯，戚施不可使仰"为训。义本不同，未可强合。而郑《笺》则曰："籧篨口柔，常观人颜色而为之辞，故不能俯也；戚施面柔，下人以色，故不能仰也。"强为傅合，遂致两伤。《经义述闻》云，岂有卫宣一人而兼此二疾者乎？然王氏父子亦未多见病人，固有鸡胸龟背之人，既不能俯，亦不能仰者。谓为身兼二疾，亦不无可。毛《传》又有改《尔雅》而义反弗如者，如《尔雅》："式微式微，微乎微者也。"毛训式为用，用微于义难通。又《尔雅》："岂弟，发也。"《载驱》"齐子岂弟"，毛训乐易，则与前章"齐子发夕"不相应矣。

古文《尚书》，读应《尔雅》。自史迁、马、郑以及伪孔俱依《尔雅》作训。或以为依《尔雅》释《尚书》，当可謰然理解，而至今仍有不可解者，何也？此以《尔雅》一字数训，解者拘泥一训，遂致扞格难通也。如"康"有五训：安也，虚也，苛也，蛊也，又五达谓之康。《诗·宾之初筵》："酌彼康爵。"郑《笺》云："康，虚也。"《书·无逸》："文王卑服，即康功田功。"《伪孔》训为安人之功。不知此康字当取五达之训。"康功田功"即路功田功也。《西伯戡黎》："故天弃我不与康食。"《伪孔》训为不有安食于天下。义虽可通，而一人不能安食，亦不至为天所弃。如解为糟糠之糠，则于义较长。故依《尔雅》解《尚书》当可十得七八，要在引用得当耳。然世之依《尔雅》作训者，多取《释诂》《释言》《释训》三篇，其余十六篇不甚置意，遂致五达之康一训，熟视无睹，迂回难通，职是故耳。

《经义述闻·春秋名字解诂》：郑公孙侨字子产。既举《尔雅·释乐》之训，大管谓之簥，大籥谓之产，复言侨与产皆长大之意。实则侨借为簥而已。《离骚》："吾令蹇修以为理。"理即行理之理，使也。蹇修，王逸以为伏羲氏之臣，然《汉书·古今人表》中无蹇修之名，此殆王逸臆度之言。按：《尔雅·释乐》："徒鼓钟谓之修，徒鼓磬谓之蹇。"以蹇修为理者，彼此不能相见，乃以钟鼓致意耳。司马相如以琴心挑之，即此意也。是知《尔雅》所释者广，故书雅训，悉具于是，学者欲明训诂，不能不以《尔雅》为宗。《尔雅》所不具者，有《方言》《广雅》诸书足以补阙。《方言》成于西汉，故训尚多。《广雅》三国时人所作，多后起之训，不足以释经。《诗·商颂》"受小球大球"、"受小共大共。"毛《传》以"球"为"玉"，以"共"为"法"，深合古训。《经义述闻》以为解"球"为"玉"，与"共"殊义，应依《广雅》作训，拱、捄，法也。改字解经，尊信《广雅》太过矣。要知训诂之道，须谨守家法，亦应兼顾事实。按《吕氏春秋》夏之将亡，太史终古抱其图法奔商，汤之所受小共大共，即夏太史终古所抱之图法也。《书序》："汤伐三朡，俘厥宝玉，谊伯仲伯作典宝。"即汤所受之大球小球也。古人视玉最重，玉者所以班瑞于群后。《周礼·大宗伯》："以玉作六瑞，以等邦国。王执镇圭，公执桓圭，侯执信圭，伯执躬圭，子执谷璧，男执蒲璧。"一如后世之玺印，所以别天子诸侯之等级也。汤受法受玉，而后可以发施政令，为下国缀旒。依《广雅》作训，于义未安。

宋人释经，不信《尔雅》，岂知古书训诂不可逞臆妄造。此如移译西土文字，必依据原文，不差累黍，遇有未莹，则必勤检辞书，求其详审。若凿空悬解，望文生训，鲜不为通人所笑。《尔雅》："绳绳，戒也。"《诗·螽斯》："宜尔子孙绳绳兮。"毛《传》："绳绳，戒慎也。"朱文公以为绳有继续之义，即解为"不绝貌"。《尔雅》："缉熙，光也。"毛《传》："缉熙，光明也。"（"缉熙"，《诗经》凡四见。）朱以"缉"为"缉缏"之缉，因解为继续也。按：《敬之》篇"学有缉熙于光明"者，即言光明更光明，于与乎通，与微乎微之语意相同。又《书·盘庚》："今汝聒聒。"《说文》："聒，距善自用之意也。"马、郑、王肃所解略同，蔡沈乃解为聒聒多言，实则古训并无多言之意。是故，吾人释经应有一定规则，解诂字义先求《尔雅》《方言》有无此训。一如引律断狱，不能于刑律之外强科人罪。故说经而不守雅训，凿空悬解，谓之门外汉。

古人训诂之书，自《尔雅》而下，《方言》《说文》《广雅》以及毛《传》。汉儒训诂，可称完备。而今之讲汉学者，时复不满旧注，争欲补苴罅漏，则以一字数训，昔人运用尚有遗憾之故。此如士卒精良，而运筹者或千虑一失，后起之人，苟能调遣得法，即可制胜。又如用药，药性温凉，悉载《本草》，用药者不能越《本草》之外，其成功与否，全视运用如何而已。

训诂之学，善用之如李光弼入郭子仪军，壁垒一新。不善用之，如逢蒙学射，尽羿之道，于是杀羿。总之诠释旧文，不宜离已有之训诂，而臆造新解。至运用之方，全在于我。清儒之能昌明汉学，卓越前代者，不外乎此。

（由王乘六、诸祖耿记录，载《章氏国学讲习会讲演记录》第二期，章氏国学讲习会一九三五年十月印行。）

论中国语言统系之演讲

（一九二二年前后）

中国现在的语言，是从四千年以前，慢慢地变化、慢慢地衍进而来的。语言之为物，决不能突然发明，是经过很长的时期，一步一步的变，或由简而繁，或由繁而简，我们只要仔细从文字学上去追根，便可以寻出他的系统来。今天所讲的，便是举些例来说明这种方法。至于有些语言，是由外国输入的，不在我们研究的范围以内，例如"珊瑚"、"蒲陶"、"骆驼"这一类的名词，都非中国所固有，因为这些东西，不产于中国，"珊瑚"产于红海一带，"蒲陶"产于西域，"骆驼"产于汉时匈奴的境内。我们研究的是中国语言的统系，这一类从外国输入的名词，例当除外。

中国古来的文字，是没有什么样大的变化的，他们的变法，只不过把这个字由名词变为动词，或由动词变为名词，因之而异其绎。至于字形方面，没有什么显著的变化，所变的不过是声音罢了。现在且从原始讲起。中国最早的文字，就是独体的象形字，如山水这一类的字是。这一类字，只不过是简当的象形，并不是由许多字体合成的，《说文》上大概有四百多的光景。自然古人只有这样少的字，是不够用的，但是那些独体的象形字，并非一字一义，同时一字却含有几种意义在里边。惟其一字含有数义，易于含混，故后来才有许多字衍化出来。我们可以把那些最早的独体字叫做"文"，把随后衍化出来的字叫做"字"。"文"的通则是"依类象形","字"的通则是"孳乳浸多"。如果没有"孳乳浸多"这一条通则，则语言统系，简直无从研究，因为字之由简而繁，非由辗转孳乳的结果，我们如何能寻出他的根来呢？

我们研究文字学时，常常撞到下列的两种情形：（一）同字异义，（二）同义异字。比方一个字，形体不变，声音不变（或稍变），但一方面可以用作名词，同时又可以用作动词，意义截然不同。这种字的变法，在六书中叫做"假借"；又一种字，虽有两个，但义同、语同、音同（有时或不同），实际上只能算一个字。这种字的变法，在六书中叫做"转注"。先拿"假借"来说。《说文》上替"假借"所下的定义说："本无其字，依声托事。"怎么叫"本无其字，依声托事"呢？最好举个例来说明他。比方"令"字，最□只含有"发号施令"之义，是个动词，后来假借而为名词，凡是所发的命令，统称曰"令"，更进而连发命令的人，也都称为"令"了，如"县令"之类的名称是。命令、县令之"令"，"本无其字"，乃由"发号施令"之义，辗转引申而出，此即所谓"依声托事"也。更拿"长"字来说，"长"字本训为"高"，是个形容词，后来一变而为长幼之"长"，但还有"高"字的意义在内，因为年纪渐长，身体便会渐高起来，再变而为"长者"之"长"，又变而为"官长"之"长"。这几个"长"字都是名词，意义小有出入。这一类的字，为什么不单独造出，而要假借，这就是因为要求简的缘故了。另外还有一种变声的假借字，如好恶之假借而为好恶，但是好恶二字的读音是后人变的，古人一如作名词用时的读法。像这类假借字的意义多从本字的意义孳乳而出，例如因其好而引起人家的好，因其恶而引起大家的恶，线索井然，我们决不致于弄错的。另外还有一种字，本是从某字假借而来的，但附加一二笔画，意义便截然不同了。

总括以上同字异义的假借字，就是所谓"本无其字，依声托事"。他们的变法，都是有一统系可寻的。"假借"既已讲明，现在且讲"转注"。《说文》上替"转注"下的定义说："建类一首，同意相受①。"这就是说，凡是意义相同的字，可以属于一类的，就叫做"转注"。大概属于转注的字，多为变声或叠韵（凡二字之起音相同者为双声，收音相同者为叠韵），而且是可以互训的。例如"考"、"老"二字，意义是完全一样的，起初因为这个地方，叫"年高"曰"考"，那个地方曰"老"，形声虽稍有不同，而语义绝无二致，后来我们便把"考"字来解释"老"字，或把"老"字来解释"考"字，这便是"互训"。"考"、"老"二字的收音相同，所以是叠韵的例。把"老"字建为一类，而"考"、"寿"（古音读如畴）等字属之，这正是"建类一首，同意相受②"之意。现在且举几个关于双声的例。比方"无"字，南音读"呒"，北音读"没"，湖南读若"毛"，而这些字都是可以互训的。由双声推出去，这一类的例，举不胜举，像"但"（同袒）、"裼"、"裎"三字，同是裸体之意，义同语同，实是一字。"裼"音同"髟"，"裎"音如"听"，"仄声"，他们同是双声。我们从双声叠韵之例去寻，可以寻出许多"建类一首，同意相受③"的转注字来。

上面已将古来文字两种重要的变法，"假借"、"转注"约略说明了，现在在此地要矫正一个谬误的观念，就是历来的人，都以为字是

---

① "受"，原作"授"，据《说文解字叙》改。
②③ "受"，原作"投"，据《说文解字叙》改。

仓颉造的，其实甚不可靠，因为语言文字这类的东西，少数人断断包办不来（如果字是由少数人包办的，则转注的字就不会有了）。大概那四百多个独体的象形字，不过经仓颉汇集拢来，像许慎之汇集《说文》而已。且我们知道，文字是随着语言变的，语言不是一二人所能发明出来，是由各地方慢慢衍变出来的。明乎此，一面可以打倒个人（仓颉）包办造字的谬说，一面可以从文字变化的痕迹上研究出语言的统系来。有一种字，他的变化的痕迹，是很显然的，就是由意义相反或相对的关系而引申出来的，例如"乱"之于"治"，"苦"之于"快"，"故"之于"今"之类是。像这些字的意义，现在虽然相反，古来却可互训。又如"生""死"、"始""终"、"阴""阳"之类的字，也都是由连带的关系变来，且都属于变声。"始""终"二字，现在的读音，虽有不同，但古人只读这两字的右边，音如冬台，所以也是双声。其他如"文""武"、"长""短"、"疏""数"、"疾""徐"等字，同属此例。"长""短"二字，也是双声，不过读音有舌头、舌上之分罢了。总括这一类的字的变法，我们可以□出，必是先有了这个字，然后因连带的关系，将双声稍变而有另一意义相反或相对的字，所以这些字决非凭空而来，都是关连贯串的。我们懂得这些例，便可进而研究最初的语言文字了。

上文已经说过，中国最初的独体字，见于《说文》的，约有三四百个的光景。这些字多是依物象形的，例如"马"、"牛"、"羊"、"犬"、"豕"、"雨"之类，这一类的字，简直是写意画，虽不像现在的工笔画那样逼真，可是一望而即能识。还有属于指事方面的字，如"上"、"下"二字是，像这种字，无形可象，所以只好先设一划以为标准，然后加 | 以为识别，只要看见 | 是向上的，就是"上"字；

｜是向下的就是"下"字，犹之于现在有许多厕所的门首，画了一只手向里指着，是有同样的意义与作用。还有一类的字，在《文字蒙求》上称为会意的字，其实也可以说是指事的字。如"豕"①字，是指豕的腿被缚住了；"𫎢"字系指队足被羁；"犮"②字，系指犬足为物所绊，不能立行。这三个字通是寓意于事。至于动词也有属于指事的，例如"栖"字，从西是指鸟归巢之状，从卤是指日头偏西而言，日偏西而鸟归巢，正合于"栖"字之义。不过这字也可以说是半象形、半指事的。还有 ₸（不）、 ꓮ（至）二字，亦属此例。大概古人造字，多喜先设一画以为标准，一画横于上者为天，一画横于下者为地。"不"字上面的一画，系指天而言，下面系象一鸟向天飞去之状，以代表"不"字之义；"至"字下面的一画，系指地而言，上面系指一鸟向地飞下，以表"至"字之义。显然可见这两字是半属象形，半属指事的。另外还有一种因物见义的形容字，如"高"字是拿高楼的样子来象征的；"方"（匚）字是拿盛物之器（如篮子之类，因为这字一方是缺的）来象征的；"曲"字是拿曲尺之类的东西来象征的，因为这些字实在无法把他单独表现出来，势不得不藉他物以表现其意义。

以上各种名词、动词、形容词等，都是古来的独体字。古来像这一类的字，仅四百余。虽然古人的语言简当，无论如何，这样少的字是不够用的，于是不得不出于"假借"之一途。我们初看起来，古来的独体的象形字，如马、牛、羊、犬之类，似乎不能含有他义的，其实不然。现在就"马"字来说，"马"音读如"母"，含有"武"字之

---

① "豕"，原作"捉"，据文义改。
② "犮"，原作"爬"，据文义改。

义，大概因为马跑得非常之快，故亦训"马"为"武"。"牛"字读若"利"，含有"事"字之义，大概因为那时用牛力的地方很多，牛非常之忙，故训"牛"为事。至于"羊"训为"祥"，□义实不可考。记得有一个民族，除酋长之外，小百姓是不许吃羊肉的，他们这样把羊肉看得贵重，"羊"训为"祥"，于此或不无关系。至"犬"训为"卷"，很易解释，因为犬字本有卷卧之象，故因以得义。这些字之变化，都是一音转，最初只用"马"字代表"武"字，易于含混，所以后来渐渐孳乳出"武"字来。"孳乳"这一条原则，对于研究语言系统，极为要，因为有许多字，都是展转孳乳出来的。比方"马"字孳乳出"武"字，如果"武"字又含有他义，则可以更孳乳出一个新字来，以此递相推演下去，文字便可以繁衍起来了。

还有一条原则，我们应当知道，就是古人造字，多半是近取诸身的。例如《说文》上说"天，颠也"，其实古来并无"天"字，"天"字是山"颠"字孳乳而出的。"颠"与"顶"为转注，古人因为人身最高的部分就是颠，故把一切最高的部分都叫做"颠"，连天也包括在内，后来因不易分别，才把声音稍变而另造出一个"天"字来。还有一个"巅"字，这字不见于《说文》，大约是魏晋之间造的，因为"颠"字用得太泛了，所以有把山顶另造一字的必要，"巅"字大概就在这种情形之下孳乳出来的。照这样推起来，我们大可以把屋顶造个"巅"字，然而为什么不这样办呢？因为如果这样一来，造不胜造。所以只要不十分含糊，也便算了。再拿"地"字来说，"地"字本单独作"也"，《说文》上说："也，女阴也。"地是生长万物之原，所以最初拿"也"字作"地"字用。"池"字最初亦作"也"，后来因为太含混了，才孳乳出"地"字、"池"字来，这都是"近取诸身"之例。

上面所有的例，意在说明古来的字，都是有根可寻的。古来的独体字，只有四百多个的光景，经过上述的种种变法，才有《说文》上的九千字，才有宋朝《集韵》《类编》的五万字，清朝的《康熙字典》，也不过五万多字的光景。我们若下一番功夫，一定可以把他个个归根，从五万字归到九千字，从九千字归到四百。然若欲寻出这个字，为什么叫这个字的本原来，恐怕却办不到。例如，"鸡"之所以叫"鸡"，很不容易考出他的所以然来。然间亦有可考的，如"鸦"字，大概因鸦的叫声是如此，所以才叫做"鸦"。但可考的究竟很少。至于兽类、植物的名称，尤其难考了。

由上所述，我们研究中国语言统系，只有将所有的字，个个归根之一法，然而这事是极不便宜做的。中国的语言，虽不曾经过大的变化，然却也经过几次小变。例如从汉到唐，唐到北宋，北宋到南宋，南宋到现在，中间都小有变更，不过却还可考，然可考的也只是古之正音，方音是无法可考的。无已，只好先就现在的语言，托诸文字者，来加一番"追源溯流"的功夫。因语言少于文字，这是我们知道的，字典里有五万多字，而吾人日常所用的，只过数千字的光景。语言所以少于文字，就是因为从前有好多方言，现在都已废弃不用之故。古来方言虽不可考，但现在的方言是可考的，考之之法，当把全国的方言，调查统计起来，这事固然极难办到，不过我认为是极应当赶快去做的。现在有一班人，主张以北京音为正音，其实是很不对的，试问未做到语言统计这一步，我们却拿什么来做标准？即此一端，亦可见语言统计之重要了。

上面虽然说了一大篇，其作只有一个重要的观念贡献诸位，就是研究中国语言统系，应从"寻源溯流"四字下手，因为语言文字，不是凭空而来的，是衍化而出的，是有根的。

（载《大公报》（长沙）"现代思想"副刊"演讲"《中国语言统系》，一九二二年十二月二十一至二十四日，章太炎讲，吴熙笔述。）

论文字的通借

（一九○七年至一九一○年讲于日本）

现在使用的文字，十分有二三分用通借。通借本来和假借不同。由这一个意义，引伸作那一个意义，唤作假借。本来有这个字，却用那个声音相近的字去替代，唤作通借。六书只有假借，没有通借。造字的人，既造了这个字，自然要人写这个字，断不要人写声音相近的字。所以通借这条例，本来不在六书里头，但古来一向好用通借，到现在还依着这个习贯，已经不可改变了。甚么唤作假借？像《说文》里头说的，🉐字本来就是棲字（现在🉐字省写作西），是鸟归窠巢的意义，因为太阳正到酉宫的时候，鸟也就归窠巢，所以把酉宫唤作西方。来字本来是麦名，因为古人以为五谷是天上降下来的，所以就把来字当来去的意义。🉐字就是凤字（现在🉐字写作朋），因为凤皇飞翔的时候，许多小鸟成群结党，跟了他飞，所以就把群党唤作朋友。这一类字，都是由本义引伸，唤作假借。甚么是通借呢？像现在用的左、右、前、后四个字，只有后字用本字本义。左右本来应该写ナ又，左右是辅助的意义，是动词，ナ又是ナ手又手的意义，是名词，意义虽则相近，字却不是本字。至于前字，本来就是翦刀的翦字，篆书写作🉐，从刀歬声，并没有前后的意义。前后的前，应该写歬字，《说文》说歬字是不行而进的意义。怎么说不行而进呢？人在船上，不须自己走，自然会进去，所以说不行而进。迮字的字形，从止在舟上，止就是现在用的趾字，意思说脚在船上，任他自进，本来是前进的意义，引伸作迮后的意义。现在用前字去代迮字，意义全不相干。又像伯、仲、叔、季四个字，仲、伯、季都用本字本义。叔字本来从又，又就是右手，所以叔是拾起来的意义，《诗经》里说的"九月叔苴"，就是用本义。别的书上，用作伯仲叔季的意义，却是借为少字。古人去声入声，本来不大分别，所以唤叔字和少字相近，就用他替代少字，意义也全不相干。又像元、亨、利、贞四个字，《说文》说："元，始也。"《易经·文言》也说："元者，善之长也。"《说文》说："亯，献也。"（亯现在变作亨。）是用酒食献客的意义。《易经·文言》也说："亨者，嘉之会也。"《说文》说："利，铦也。从刀。和然后利，从和省。"《易经·文言》也说："利者，义之和也。"这都是用本字。惟有贞字不同，《说文》说："贞，卜问也。"《易经·文言》说："贞者，事之斡也。"两义全不对，就知道贞是借用。借用作甚么字？《说文》说："桢，刚木也。"引伸作刚的意义。桢，斡又是同类的东西，既然说"贞者，事之斡也"，又说"贞固足以斡事"，就知道贞字本来应该写桢字，大凡贞实、坚贞、贞洁，都应该写桢字。古来或者没有桢字，但丁字必先有了，贞、桢都是舌上音，古人没有舌上音，读作舌头音，和丁字声音一样，丁字本来是丁实的意义，就不写"元亨利桢"，也该写"元亨利丁"。现在写卜问的贞字，不过是用同音替代，意义也全不相干。又像进、退、屈、伸四个字，进退都用本字本义，屈字篆书正体写作𡰪，从尾出声，是无尾的意义。屈伸的屈，应该写作诎，现在用无尾的屈字来替代，意义也全不相干。这种字原来都有本字，却用声音相同的字去代，所以唤作通借，不唤作假借，原不在六书条例之内。但现在讲《说文》，最要紧的倒是这一件事。不讲通借，《说文》只是《说文》，别的书上所用的字，只是别的书上所用的字，两不相关，《说文》就变了死物。略识字的人，最要紧的也是讲通借这一件事。不讲通借，看见一个字，有这一种意义，又有那一种意义，两种意义，像胡越的不相干，就要怀几分疑惑。怀疑还是好事，有一班武断的人，竟胡乱去解说字形，就变成了世界第一种缪妄。看宋朝的王荆公，就晓得了。

通借的字，定要求出本字，也有不必过于拘牵的。因为有许多字，最初原只有一个字，包括许多意义，后来加了偏傍，觉得这个字和那个字定要分别，其实就写最初这一个字，仍旧可以算作本字本义。譬如最初有个交字，本义只是两腿交叉，引伸作一切交叉的义；后来交会的交，又加偏傍作迒；交友的交，义加偏傍作佼；三个字都见《说文》。但经典相承，只写交字。交字本来可以引伸作交会、交友的义，就不必说定要写迒、佼两字，财算交会交友的本字。[①]又像最初有个桀字，本义只是破人肚子，引伸作好杀的义。夏朝末年有个王，因为好杀，百姓唤他作桀。再引伸变作豪桀的义，古人说豪桀，仿佛现在人说好汉，含得能够杀人的话在里头。但豪桀的字，又加偏傍作傑，也见《说文》，却是古书往往写作豪桀，豪傑这个名目，本是从能够杀人来，就不必说豪桀不是本字，豪傑财算本字。又像最初有个亚字，本义只是丑，容貌丑就唤作亚，引伸作品行丑的义；后来就加偏傍作恶；古书里面，容貌丑也有写恶字，品行丑也有写亚字。亚字在先，恶字在后，所以说容貌丑，写成恶字就不算本字，必要写

---

① "字"，原作"子"，据文义改。

亚字财算本字。说品行丑，就写成亚字，仍旧可以算本字，不必定写恶字，财算本字。又像最初有个齐字，本义只是禾麦吐穗，一片平匀；引伸作一切齐等的义，后来又加妻声作齎，也见《说文》。但经典相承只写齐字，齐字本来可以引伸作齐等的义，就不必定要写齎字，财算本字。这几件事，不可拘牵一格。

修词的方法，和质言的方法，颇有不同。所以在修词上，通借的字，纯然改作本字，有几分不方便。举几件事为例。"休"字的本义，只是止息，但又有美的一义；止息与美不相干，训美的是借作好字，因为古音唤好作朽，平上不大分别，所以读休像好字，就借得去用了；假如"无疆惟休"、"何天之休"，改作"无疆惟好"、"何天之好"，写是写的本字，倒觉得文章上不大庄雅。"孚"字的本义，只是鸟伏卵，但又有信的一义；鸟伏卵与信不相干，训信的是借作保字，因为保字古文作保，采就是古文孚字，古音孚字原唤作保，就借得去用了。假如《易卦》"中孚"改作"中保"，也是写成本字，倒觉得文章上不大严重。"渠"字的本义，只是水所居，但又有主帅的义；水居与主帅不相干，训主帅的是借作父字，因为古音父也可以读巨（《说文》："父，巨也。"取声音相近为训），就借用渠字为父字，古人唤长官都称父，像《尚书》说的祈父、农父、宏父就是，所以主帅也称父。假如"歼厥渠魁"，改作"歼厥父魁"，也是写本字，倒觉得文章上很奇怪了。"昆"字的本义，只是同，但又有后的一义；同与后不相干，训后的是借为卵，因为古音唤卵字作管，管与昆是双声，卵字也写作鲲。《尔雅》训鲲作鱼子，《说文》没有鲲字，只有卵字，因鱼子的义，引伸作后世子孙的义，就借用昆字。假如"垂裕后昆"，改作"垂裕后卵"，也是写本字，倒觉得文章上很鄙俗了。据这几条例看来，在修词上，不得不胡涂写去。但这种平奇雅俗的意见，从习贯来，不从理论来。假如积古相承，训美的字总写好，训信的字总写保，训主帅的字总写父，训后的字总写卯，现在自然也没有异同，到底修词于理论有碍。质言于理论无碍，毕毫应该写从本字。

有人说，古人用同音字代本字，就称通借；今人用同音字代本字，就称为别字，这也太不公平了。古人可以写得，为甚么今人不可写得？我说这句话倒不然。就古人用通借，也是写别字，也是不该。不过积古相沿，一向通行到如今，没有法子强人改正。假使个个字都能够改正，正是《易经》里所说的"榦父之蛊"。纵使不能，岂可在古人写的别字以外，再加许多别字呢？古人写得别字，通行到如今，全国相同，所以还可解得。今人若添写许多别字，①各处用各处的方音去写，别省别府的人，就不能董得了。后来全国的文字，必定彼此不同，这不是一种大障碍么？就使各处董得，检起韵书来，这个字和那个字声音本来不同，也断不能通借。比如用查字代察字，是明代北京的土音，用场合代场许（许字也是通借，本字应该作处），是现代江苏的土音。究竟照《唐韵》的正音，查与察，合与许，韵理上截然不能相通，随意乱用，就是破坏声韵，在小学法律上，断不能容得的。

（载《教育今语杂志》第四册，一九一○年四月二十九日发行，署名独角。）

---

① "写许"，原作"许写"，据文义乙之。

白话与文言之关系

（一九三五年）

白话、文言，古人不分。《尚书》直言（见《七略》），而读应《尔雅》（见《汉书·艺文志》）。其所分者，非白话、文言之别，乃修饰与不修饰耳。《尚书》二十九篇，口说者皆佶屈聱牙，叙事则不然。《尧典》《顾命》，文理明白；《盘庚》《康诰》《酒诰》《洛诰》《召诰》之类，则艰涩难读。古者右史记言，左史记事，叙事之篇，史官从容润饰，时间宽裕，颇加斟酌；口说之辞，记于匆卒，一言既出，驷不及舌，记录者往往急不及择，无斟酌润饰之功。且作篆之迟，迟于真草，言速记迟，难免截去语助，此异于叙事者也。商、周口语，不甚修饰，至春秋战国则不然。春秋所录辞命之文，与战国时苏秦、张仪、鲁仲连之语，甚见顺适。所谓"出辞气斯远鄙倍"者，不去语助，自然文从字顺矣。苏、张言文合一，出口成章。当时游说之士，殆无不然。至汉，《汉书》载中山靖王入朝，闻乐涕泣，口对之辞，宛然赋体。可见言语修饰，雅擅辞令，于汉犹然。是以汉时有讥人不识字者，未闻有讥人文理不通者。赤眉之樊崇，蜀将之王平，识字无多，而文理仍通。自晋以后，言、文渐分。《世说新语》所载"阿堵"、"宁馨"，即当时白话，然所载尚无大异于文言，惟特殊者有异耳。隋末士人，尚能出口成章，当时谓之书语。文帝受周之禅，与旧友荣建绪共享富贵，荣不可，去之，后入朝，帝问："悔否？"荣曰："臣位非徐广，情类杨彪。"文帝曰："我虽不解书语，亦知卿此言为不逊。"（见《隋书·荣毗传》）文帝不读书，故云"不解书语"。李密与宇文化及战时，其对化及之词，颇似一篇檄文，化及闻而默然，良久乃曰："共尔作相杀事，何须作书语耶？"（见《隋书·李密传》）可见士人口语，即为文章。隋、唐尚然，其后乃渐衰耳。《传灯录》记禅家之语，宋人学之而成语录，其语至今不甚可晓，至《水浒传》乃渐可解。由是白话、文言，不得不异其途辙。今人思以白话易文言，陈义未尝不新，然白话究能离去文言否？此疑问也。白话亦多用成语，如"水落石出"、"与虎谋皮"之类，不得不作括弧，何尝尽是白话哉？且如"勇士"、"贤人"，白话所无，如欲避免，须说："好汉"、"好人"。"好汉"、"好人"，究与"勇士"、"贤人"有别。元时征求遗逸，诏谓征求有本领的好人，当时荐马端临之状曰："寻得有本领的好人马端临。"见《文献通考抄白》。今人称有本领者曰"才士"，或曰"名士"，如必改用白话，亦必曰"寻得有本领的好人某某"。试问提倡白话之人，愿意承当否耶？以此知白话意义不全，有时仍不得不用文言也。

昌黎谓"凡作文字，宜略识字"。学问如韩，只求略识字耳。识字如韩已不易，然仅曰"略识字"，盖文言只须如此也。余谓欲作白话，更宜详识字，识字之功，更宜过于昌黎。今世作白话文者，以施耐庵、曹雪芹为宗师，施、曹在当日，不过随意作小说耳，非欲于文苑中居最高地位也，亦非欲取而代之也。今人则欲取文言而代之矣！然而规模格律，均未有定。果欲取文言而代之，则必成一统系，定一格律然后可。而识字之功，须加昌黎十倍矣。何者？以白话所用之语，不知当作何字者正多也。今通行之白话中，鄙语固多，古语亦不少，以十分分之，常语占其五，鄙语、古语复各占其半。古书中不常用之字，反存于白话，此事边方为多，而通都大邑，亦非全无古语。夫所谓白话者，依何方之话为准乎？如曰首都，则昔在北而今在南，南京北京，语言不同。不仅此也，叙事欲声口毕肖，须录当地方言，文言如此，白话亦然。《史记·陈涉世家》："夥颐，涉之为王沈沈者。""夥颐"、"沈沈"，皆当时鄙俗之语，不书，则无以形容陈客之艳羡。欲使声口毕肖，用语自不能限于首都，非广采各地方言不可。然则，非深通小学，如何可写白话文哉？寻常语助之字，如焉、哉、乎、也，今白话中焉、哉不用，乎、也尚用。如乍见熟人而相寒暄，曰"好呀"，呀即乎字。应人之称曰"是唉"，唉即也字。"夫"字文言用在句末，如"必子之言夫"，即白话之"罢"字，轻唇转而为重唇也。"矣"转而为"哩"，《说文》目声之字，或从里声，梩或作桿，可证其例。乎、也、夫、矣四字，仅声音小变而已。论理应用乎、也、夫、矣，不应用呀、唉、罢、哩也。

又如抑扬之词，"肆"训"甚"，《诗·崧高》"其风肆好"，即其风甚好。今江浙语称"甚冷"、"甚热"曰"冷得势"、"热得势"，其实乃"肆"字也。古语有声转之例，"肆"转而为"杀"，《夏小正》"狸子肇肆"，"肆"，杀也。今人言"杀似"、"杀好"、"忒杀"，"杀"皆"甚"意。又今天津语谓甚好，曰"好得况"。"况"亦古音古字，《诗·出车》"仆夫况瘁"，"况"亦"甚"也。又如赞叹之词，南京人见可惊者，开口大呼曰"乖乖了不得"，"乖乖"即"傀傀"。《说文》："傀，伟也。"四川胥吏录供，造张目哆口卷舌而不发声之字曰"▢"，"▢"即咄咄怪事之"咄"。如白话须成格律，有系统，非书正字不可，则此等字，安得不加意哉？又如形容异状之词，今江浙人称行步

两足不能相过曰"垫脚走","垫"应作"𫝐"。春秋卫侯之兄𫝐，
"𫝐"《穀梁》作"辄"，《说文》为两足不能过，"𫝐"从"执"声，
故变而为垫音也。今语喉破发声不亮曰"沙"。《礼记·内则》"鸟𪅃
色而沙鸣"，若严格言之，字应作"嘶"。《汉书·王莽传》"莽大声而
嘶"，"嘶"正字，"沙"假借字也。今南方呼曲背曰"呵腰"，北方曰
"哈腰"，实即"亚"字。《说文》：亚象人局背形。音变而为"哈"，
又变则为"呵"矣。又如动作加人之词，今上江称追奔曰"捻"，实
当作"蹑"，声转而为"捻"矣。吊挂之"吊"，与吊丧意无关，《一
切经音义》引《方言》："𠄏，悬也。"窗钩亦曰"了𠄏"，"𠄏"音如
"吊"，吊挂之吊，正应作𠄏耳。又北人语打谓"奏"，至东三省，则

欧阳修(1007—1072)，字永叔，谥号文忠，北宋政治家、文学家

官厅叱责人犯亦曰"奏五百"、"奏一千"，此字正应作"鏊"。《说文》："鏊，引击也。"江南语以荆条或竹箠击人谓之"抽"，"抽"亦"鏊"字。又北方人称"斩"曰"砍"，此字不知何以从石？唐末已有此语，书止作"坎"。宋人笔记载朱温遣人相地，久而未至，温大怒，既至，问之，曰："乾上龙尾"。温入，人谓之曰："尔若非乾上龙尾，已坎下驴头矣！"其实"坎"应作"戋"。①《说文》："戋，杀也。"其字后人亦作"戕"，"西伯戕黎"，旧正作"戋"也。唐人言"坎"，不知其语之来历，后遂妄作"砍"字。如此之类，白话不定统系格律即已，如须定统系，明格律，则非写正不可，故曰，欲作白话文者，识字应过于昌黎也。

要之，白话中藏古语甚多，如小学不通，白话如何能好？且今人同一句话，而南与北殊，都与鄙异，听似一字，实非一字，此非精通小学者断不能辨。如通语言"不"，江南浙江曰"弗"。《公羊》僖二十六年《传》注："弗者，不之深也。""弗"、"不"有异矣。有无之"无"，江南一带曰"无不"。"无"古音如"模"，变为是音，而通语则言"没"。实即《论语·阳货》"末之也已"之"末"。"无"与"末"又异矣。又，北人言"去"，如开之去声，实乃"朅"字，与通语曰"去"者义同而字异。又如"打"字，欧阳永叔《归田录》，历举其不可解之处，"朾"本音宅耕切，不知何以变为"打"字，作德下切，且"打铁"、"打钉"，称打则可；今制一物件曰"打"，每一动作辄曰"打"，如"打坐"、"打拱"。"打"于何有？欧公颇以为非。余谓宅耕切之"朾"字，依音理不能变作德下切，今扬州鄙人呼此音

---

① "戋"，原作"戋"，据文义改。

如"鼎"，江南浙西转如"党"，此实"杠"之音变也，而通语作德下切者，乃别一字。按"挝"字，《说文》作"築"，乃舌上音，古无舌上，唯有舌头，故"挝"音变为德下切，正字当作"築"，声转则为"筶"。《说文》："筶，答也。"音当割切，又转而为挞，皆一语之变也。至于"打量"之"打"，字应作"媈"。《说文》："媈，量也。"音朵，转为长音即曰"打"矣。是故，不详识字，动笔即错，其所作之白话文，乃全无格律之物。欲使白话登于文苑，则识字之功宜何如？

古人深通俗语者，皆精研小学之士。颜之推在益州，与数人同坐，初晴，见地下小光，问左右是何物？一蜀竖就视，云："是豆逼耳"，皆不知何谓。取来，乃小豆也。蜀土呼豆为"逼"，时莫之解。之推云：《三苍》《说文》，皆有"皀"字，训粒，《通俗文》音方力反。众皆欢悟。（见《颜氏家训·劝学篇》）其孙师古作《匡谬正俗》，人问砺刀使利曰"略刃"，何故？师古曰：《尔雅》"略，利也"，故砺刀曰略刃。以颜氏祖孙小学之功如此，方能尽通鄙语，其功且过昌黎百倍。余谓须有颜氏祖孙之学，方可信笔作白话文。余自揣小学之功，尚未及颜氏祖孙，故不敢贸然为之。今有人误读"为絺为绤"作"为希为谷"，而悍然敢提倡白话文者，盖亦忘其颜之厚矣！

（由王謇、吴契宁、诸祖耿、王乘六记录，载《章氏星期讲演会记录》第二期，一九三五年四月刊行；又载《国风半月刊》第六卷第九、十合期。）

驳中国用万国新语说

　　巴黎留学生相集作《新世纪》，谓中国当废汉文，而用万国新语。盖季世学者，好尚奇觚，震慑于白人侈大之言，外务名誉，不暇问其中失所在，非独万国新语一端而已。其所执守，以象形字为未开化人所用，合音字为既开化人所用。且谓汉文纷杂，非有准则，不能视形而知其字，故当以万国新语代之。

　　余闻风律不同，视五土之宜，以分其刚柔侈敛。是故吹万不同，使其自己，前者唱喁，后者唱于，虽大巧莫能齐也。万国新语者，本以欧洲为准，取其最普通易晓者，糅合以成一种，于他洲未有所取

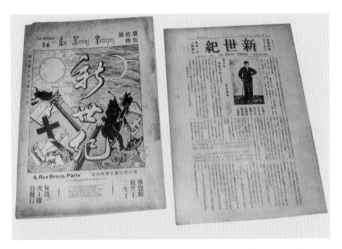

由吴稚晖、李石曾等人在巴黎创办的中文版《新世纪》周刊

也。大地富媪博厚矣，殊色异居，非白人所独有，明其语不足以方行世界，独在欧洲，有交通之便而已。欧洲诸语，本自希腊、罗甸，孳乳以成，波澜不二。然改造者不直取希腊、罗甸之言，而必以万国新语为帜者，正由古今异撰，弗可矫揉。以此相稽，则汉语之异于万国新语，视万国新语之异于希腊、罗甸，其远弥甚。在彼则以便俗为功，在此则以庤匦从事，既远人情，亦自相抵牾甚矣。若夫象形、合音之别，优劣所在，未可质言。今者南至马来，北抵蒙古，文字亦悉以合音成体，彼其文化，岂有优于中国哉？合音之字，视而可识者，徒识其音，固不能知其义，其去象形，差不容以一黍。故俄人识字者，其比例犹视中国为少。日本人既识假名，亦并粗知汉字。汉字象形，日本人识之，不以为奇恒难了。是知国人能遍知文字以否，在强迫教育之有无，不在象形、合音之分也。识字之难，未若辨别草木，草木形类而难分，文字形殊而易别。然诸农圃，识草木必数百种，寻常杂字，足以明民共财者，亦不逾数百字耳。治文学者，犹采药之夫，治小学者，犹博物之彦，虽稍艰阻，不必夫人而能之也。古之小学，习书计与五甲六方，故人人知文字，计之粗者，乘除、开方诸术，习之易矣。然今世士人，尚非尽人能解，岂汉算独难治哉？士人知书而愚于计，商贾识计而短于书，由其用有缓急，故治之有先后也。至于庶业滋繁，饰伪萌生，人不知书，则常苦为人所诈。夫农夫操耒，若无事于知书。乃至陶人抟土，梓匠营宫，妇功刺绣，锦官织缯，工艺精良，视农耕为难习矣。然皆十口相传，不在载籍，当其习此，以为文字非所急图，出而涉世，乃自悔其失学，书札、契券、计簿之微，犹待他人为之营治，欺诈不可以猝晓，隐曲不可以自藏，斯亦爽然自咎也！若豫睹知书之急，谁不督促子弟以就学者，重以强迫教育，何患汉字之难知乎？

或言日本虽用汉字，凌杂无纪，支绌亦可睹矣。汉人守之，其不利亦将等于日本。此未辨清浊之原也。日本语言，故与汉语有别，强用其文以为表识，称名既异，其发声又才及汉音之半，由是音读、训读，所在纷猱。及空海作假名，至今承用，和、汉二书，又相羼厕。夫语言文字，出于一本，独日本则为二本，欲无凌杂，其可得乎？汉人所用，顾独有汉字耳。古今语虽少不同，名物犹无大变，至于侪偶相呼，今昔无爽，助词发语之声，世俗督儒，疑为异古。余尝穷究音变，明其非有差违，作《释词》七十余条，用为左证。今举数例：孔之与好，同训为嘉，古音本以旁纽双声相转，故《释器》云“肉倍好，好倍肉”者，好即借为孔字。古者谓甚曰孔，今者谓甚曰好，好大、好快，若古语则言孔大、孔快矣。《小尔雅》肆训极，《说文》肆训极陈，《大雅》：“其风肆好。”肆好者，极好也。今辽东谓极备曰有得肆，苏州谓极热曰热得肆，训肆为极，是与古同。肆、杀同部，去入一声，故《夏小正》“狸子肇肆”，《传》谓肆借为杀。宋人谓极好曰杀好，即古言肆好矣。今人谓极陈力曰杀力，即常言肆力矣。《说文》棡从畐声，亦从里声作桲。《考工记》“里为式”，即“已为式”。明古音里与畐同。古人说过去事，语终言矣，今人说过去事，语终言哩。哩即矣之声变也。《商书》以昵为祢，《释兽》以泥为𪊨，明古音尼与尔同。词之必然，古语言尔，今语言呢。呢即尔之本音也。乃至楚人发语言羌，今湖北、黄梅人，冠语多用羌字，音敛如姜。《释诂》训都为于，今江南苏州人言于，则用都字，音促如笃。此则通言别语，词气皆与古符。由此以双声叠韵，展转钩校，今之词气，盖无一不与雅训相会者。百代矗疑，涣尔冰释，况诸名物取舍之词，而有与故言相失者耶？特世人鲜通韵学，音声小变，即无以知所从来。若循法言《切韵》之例，一字数音，区其正变，则虽谓周、汉旧言，犹存今世可也。况其文字本出一途，不以假名相杂，与日本之凌杂无纪者，阡陌有殊。忧其同病，所谓比拟失伦者哉！

或疑方土不同，一道数府之间，音已互异，名物则南北大殊，既难齐一，其不便有莫甚者。同一禹域之民，而对语或须转译，曷若易之为便？抑以万国新语易汉语，视以汉语南北互输，孰难孰易？今各省语虽小异，其根柢固大同。若为便俗致用计者，习效官音，虑非难事。若为审定言音计者，今之声韵，或正或讹，南北皆有偏至。北方分纽，善符于神珙，而韵略有函胡；广东辨韵，眇合于法言，而纽复多淆混。南北相校，惟江、汉处其中流，江陵、武昌，韵纽皆正，然犹须旁采州国，以成夏声。若风声本在侵部，而江宁言风，音犹作方林切；庚声本在阳部，而苏州言庚，音犹作古郎切。此合于周、秦本音者。松之音，所在皆切相容，而黄州、广州呼松者，犹作祥容切。鸟之音，所在皆切女了，而湖南、江左呼鸟者，犹作都了切。此合于隋、唐《切韵》者。既以江、汉间为正音，复取四方典则之声，用相和会，则声韵其无谬矣。故训衰微，留者可宝，此在南北，亦皆互有短长。闽、峤之言，至诘诎也。然而称一为蜀，呼事为载，读火如毁，乃《毛传》《方言》之故训，中原板荡，佚在东南，可谓边方无典语耶？秦、蜀、荆、楚之言，至通达也，然而冰出为凌，见诸《国风》《官礼》，他方无举此者，淮西犹谓雨而木冰为油光凌。暴雨为涷，征之《楚辞》《淮南》，他方无举此者，川、陕间犹谓夏月暴雨为偏涷雨。可谓中原无别语耶？若知斯类，北人不当以南纪之言为磔格，南人不当以中州之语为冤句，有能调均殊语，以为一家，则名言其有则矣。若是者，诚不若苟习官音为易，视彼万国新语，则难易相距，犹不可以筹策计也。

必欲尽废汉文，而用万国新语者，其谬则有二事：一、若欲统一语言，故尽用其语者，欧洲诸族，因与原语无大差违，习之自为径易。其在汉土，排列先后之异，纽母繁简之殊，韵部多寡之分，器物有无之别，两相径挺。此其荦荦大者，强为转变，欲其调达如簧，固不能矣。乃夫丘里之言，偏冒众有，人情互异，虽欲转变无由。杜尔斯兑氏言：中国"道"字，他方任用何文，皆不能译。夫不能译者，非绝无拟议之词也。要之，封域大小，意趣浅深，必不能以密切。狠用彼语以相比况，将何以宣达职志，条鬯性情？此盖非一"道"字而已，其用于屈伸取舍者，某宣教师亦为余言：汉语有独秀者，如持者，通名也。高而举之曰抗，俯而引之曰提，束而曳之曰捽，拥之在前曰抱，曳之自后曰拖，两手合持曰奉，肩手任持曰儋，并力同举曰台，独力引重曰扛。如是别名，则他国所无也。今自废其分明者，而取他之混合者，言以足志，宜何取焉？及如械器有无，东西殊贯，食有竹箸，赌有围棋，乐器有箫管笙磬之殊形，衣服有袍褂衫襦之异用，若此类者，殆以百数。夫称帽为冠，以棨为案，正名者犹云不可，况或本无其器，而皮傅为名乎？夫两语相注，繁简多寡之不相当，既如是矣。且一字而引伸为数义者，语必有根，转用新语，彼此引伸之义，其条贯不皆相准，是则杜绝语根也。寻常称谓之词，复有志而晦者。今人尊敬之言，曰"台"、曰"令"。台之语本于三能，三足鳖谓之能，魁下六星，两两相比似之，故曰三能。古音能与台同，故或书作三台，以比三公，而尊称曰台者，自三能来。今若谓人为鳖，未有不色然怒者；称之以台，则为尊敬，此由古今语变，今时已无有呼鳖为能者尔。令之语本于灵，灵者，巫也。上古重神事，故灵引伸为善，假借作令，尊称曰令者，自灵字来。今若比人以巫，则侮慢语也；而称令，顾为尊敬，此由古今语异，今时已无有呼巫为灵者尔。若其转为新语，泛以尊贵之语代台，以良善之语代令，则粗犷而失语柢；若质译为鳖、为巫，则不可以为尊敬之词。夫寻常译述，得其大义可也。至于转变语言，必使源流相当而后可。泛则失实，切则失情，将以何术转变之也。且万国新语者，学之难耶，必不能舍其土风而新是用；学之易耶，简单之语，上不足以明学术，下不足以道情志。苟取交通，若今之通邮异国者，用异国文字可也，宁当自废汉语哉？岂直汉语尔，印度、欧洲诸语，犹合保存。盖学之近质者，非绵密幽邃之词，不足宣曲。今之持无政府主义者，欲废强权，岂欲废学术耶？学之近文者，其美乃在节奏句度之间，不专以文辞为准。若其纽母不同，韵部有异，名词长短，往复皆殊，则在彼为至美者，于此乃反为儜劣。摆伦之诗，西方以为凄怆妍丽矣，译为汉文，则率直不足观采。其稍可者，必增损其文身、句身，强以从我，此犹治璞玉者，施以刻雕，非其旧式然也。由是知汉土篇章之美者，译为欧文，转为万国新语，其率直鲜味也亦然。本为谐韵，转之则无韵；本为双声，转之则异声；本以数音成语，转之则音节冗长，失其同律。是则杜绝文学，归于朴僿也。尝见谱岳鄂王词者，合以风琴，声遂沉浊。彼其朱弦疏越，用之庙堂，施之宗教，宜以是为上宫。而汉土词曲，音取悲凉，惟笛能谐其声气，风琴噂缓，清浊异宜，故闻者几于思卧。夫以乐器准音，丝竹犹勿能相代，况复言语有差，其不相值也明矣。若徒以交通为务，旧所承用，一切芟夷，学术文辞之章章者，甚则弃捐，轻乃裁减，斯则其道大觳，非宜民之事也。二、若谓象形不便，故但用其音者，文明野蛮，吾所不论。然言语文字者，所以为别，声繁则易别而为优，声简则难别而为劣。日本尝欲用罗甸字母，以彼发音简少，故罗甸足以相资。汉土则不然，纵分音纽，自梵土悉昙而外，纽之繁富，未有过于汉土者也。横分音韵，梵韵复不若汉韵繁矣。视欧洲音，直觳语耳！昔自汉末、三国之间，始有反语，隋之《切韵》，以纽定声，舍利、神珙诸子，综合其音，参取梵文字母声势之法，分列八音，至今承用者，为字母三十六，而声势复在其外，以现有法言《切韵》也。今之韵部，著于唇舌者，虑不能如旧韵之分明，然大较犹得二十。计纽及韵，可得五十余字，其视万国新语以二十八字母含孕诸声者，繁简相去，至悬远也。河淮、江汉之间，侵之与真，覃之与寒，韵部绝远，而或转相混淆。广东呼侵、覃部字则合口，呼真、寒部字则开口，区以别矣。青之与真，韵部相望若比邻，中原亦转相迆入。广东呼真部字，则收鼻推气言之，呼青部字，则横口敛气言之。然若呼雨为以，读居成箕，则不逮中原之正。凡此分别，欧洲之音，不能具也。字母三十六者，本由华严四十二字增损以成。汉、梵发音亦有小别，故不得悉用华严。乃如非、敷、奉、娘四纽，梵音所无，钱大昕已明其义。盖自孙炎、韦昭、徐仙民、李轨、刘昌宗诸家，各为反语，扬榷可知。然重唇、轻唇，至中唐始有分辨，舌头、舌上，亦遂析为二音，此至今无替者也。汉音所以异者，在舌上知、彻、澄三纽，江左呼之，几与照、穿、床等。闽、广则或迆入喉牙。自此数省而外，分画至严，呼中者不得同宗，言丑者不可作醜，读宁者不能似树，盖妇孺所知矣。若如欧洲之音，齿音照纽，尚不能质直出声，至舌上知、彻、澄等，则无音可以模写。余昔视梵文字母，有缕、姹、荼三音，谓与此土知、彻、澄等，及就问印度人，犹云作多、佗、陀，读入麻部。惟縿、姹、荼之音亦得令其切出，欧洲则一切阙之。与白人语，北言直隶，南言镇南关，直云镇云，必讹变其音以就彼。是三纽者，盖汉土卓特之音，日本人亦弗能道是也。若夫正齿有照、穿、床、审、禅五纽，齿头则以精、清、从、心、邪相副，得其半音，禹域而外，孰能具此？且正齿、齿头，当日析为十纽，若从简易，即分等之术耳，同在一纽，而音有四等之殊。故夫见之与贯，溪之与坤，其鸿纤必有辨也。审纽只隶正齿，而北音或邃入舌上，是舌上复增一纽。舌头定母所隶同、徒诸字，今呼者不纯如定，乃在定、透之间，亦如晓、喻相磋，其间复出匣母。故以此三十六者，按等区分，其音且将逾百，韵以四声为剂，亦有八十余音，二者并兼，则音母几将二百。然皆坚完独立，非如日本五十假名，删之不过二十音也。宁有二十八字之体文，遂足以穷其变乎？夫声音繁简，彼是有殊，非直新语合音之法不可单行，纵尽改吾语言以就彼律，抑犹有诘诎者，是何也？常言虽可易，而郡国、姓名诸语，必不可易，屈而就彼，音既舛变，则是失其本名，何以成语？或言汉音虽繁，然译述他国固有名词，亦少音和，而多类隔，要在得其大致而已。准是，则以新语译汉土旧名，小有盈朒，亦无訾焉。应之曰：以汉语译述者，汉人也，名从主人，号从中国。他方人、地，非吾所习狃者，虽音有觕侈，何害？今以汉人自道乡里，而声气差违，则不可以此相例，亦明矣。盖削趾以适屦者，工之愚也；戕杞柳以为杯棬者，事之贼也。顷者，日本人创汉字统一会，欲令汉人讽诵汉文，一以日本厖奇之音为主。今之欲用万国新语者，亦何以异是耶？且汉字所以独用象形，不用合音者，虑亦有故。原其名言符号，皆以一音成立，故音同义殊者众，若用合音之字，将芒昧不足以为别。况以地域广袤，而令方土异音，合音为文，逾千里则弗能相喻，故非独他方字母不可用于域中，虽自取其纽韵之文，省减点画，以相绁切，其道犹困而难施。自颉、籀、斯、邈以来，文字皆独标部首，据形系联者，其势固不得已也。由斯二义，尽用彼语，则吐辞述学，势有不周；独用彼音，则繁简相差，声有未尽。谈者不深惟其利病，而傀焉以除旧布新为号，岂其智有未喻，亦骛名而不求实之过哉！

虽然，辅汉文之深密，使易能、易知者，则有术矣。一、欲使速于疏写，则人人当兼知章草。汉世制诏三王，其册书犹真、草兼具，岂况符契笺奏之书，日不暇给，则何取端书、分隶？草书之作，导源先汉，故由隶体迁移。若夫裨谌草创，难知其审，而阮氏《钟鼎款识》，谓周世自有草篆，则过崇雁器，为不根之谈也。要之，汉初文史，辞尚简严，犹以草书缀属，今之繁辞，则宜用草书审矣。大抵事有缓急，物有质文，文字宜分三品：题署碑版，则用小篆；雕刻册

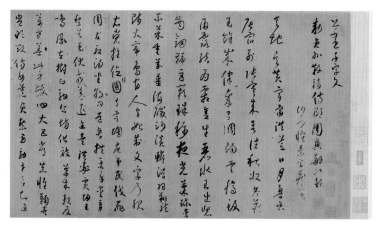

（唐）怀素《小草千字文》（局部）。 怀素自幼出家为僧，爱好书法，与张旭齐名，合称"颠张狂素"，史称"草圣"

籍，则用今隶；至于仓卒应急，取备事情，则直作草书可也。然自张旭、怀素以来，恣意钩联，形淆已甚。当依《急就》正书，字各分区，无使联绵难断，而任情损益，补短裁长，以求侧媚者，一切遮禁。字形有定，则无由展转纷歧，此非独便于今隶，视欧文亦愈径省。何者？本以一音为一文，非以数音成一语也。二、若欲易于察识，则当略知小篆，稍见本原。初识字时，宜教以五百四十部首，若又简略，虽授《文字蒙求》可也。凡儿童初引笔为书，今隶方整，当体则难；小篆诎曲，成书反易。且日、月、山、水诸文，宛转悉如其象，非若隶书之局就准绳，与形相失。当其知识初开，一见字形，乃如画成其物，踊跃欢喜，等于熙游，其引导则易矣。象形之与合音，前者易知其义，难知其音；后者易知其音，难知其义。何者？令当初识字时，但知鱼、鸟二文，则凡从鱼之字，不为鱼名，即为鱼事；从鸟之字，不为鸟名，即为鸟事。可以意揣度得之。纵于假借未明，本形本义，思则过半。尝有人言：学者相聚，说"感慨"字，《汉书》皆作"感概"，一科举人惑之，曰："此谬语也，慨自心出，非自木出，何以字当从木？"此虽昧于假借，然本义本形，自当作慨，科举人所说，固于小学非甚戾也。然则略知部首，于所隶属之字，虽未了知定义，而较略可以意窥，异乎合音之字，其大义无由悬揣。故象形与合音者，得失为相庚，特隶书省变之文，部首已多淆乱，故五百四十小篆，为初教识字之门矣。若欲了解定音，反语既著，音自可知。然世人不能以反语得音者，以用为反语之字，非有素定，尚不能知反语之定音，何由知反语所切者之定音哉？若专用见、溪以下三十六字，东、钟以下二百六字为反语，但得二百四十二字之音，则余音自可睹矣。然此可为成人长者言之，以教儿童，犹苦繁冗。又况今音作韵,非有二百六部之多,其字自当并省。欲使儿童视而能了,非以反语注记字旁,无由明憭。而见、溪诸文,形体茂密,复不便于旁注。于是有自矜通悟者,作为一点一画,纵横回复,以标识字音,先后作者,盖四五辈矣。然皆不可施用,是何故?今人发语之音,上纽下韵,经纬相交,除去四等、四声可以规圈识别,其本母必不损五六十字。而今之作者,既于韵学芒无所了,又复自守乡土,不遍方音,其所创造,少者才十余字,多乃不逾三十,以此相切,声之阙者方多,曾何足以龚用欤?又其惑者,乃谓本字可废,惟以切音成文。斯则同音而殊训者,又无以为别也。重纰貤缪,疑眩后生,卒以世所公非,不见采用,而定音遂无其术。余谓切音之用,只在笺识字端,令本音画然可晓,非废本字而以切音代之。纽韵既繁,徒以点画、波磔、粗细为分,其形将匮,况其体势折旋,略同今隶,易于羼入正文,诚亦有不适者。故尝定纽文为三十六,韵文为二十二,皆取古文、篆、籀径省之形,以代旧谱,既有典则,异于乡壁虚造所为,庶几足以行远。其详如左:

纽文三十六

喉音(亦曰深喉音)

丨　今隶作丨,《唐韵》古本切,即旧见母。

凵　今隶作凵,《唐韵》口犯切,即旧溪母。

乁　今隶从小篆作及,《唐韵》巨立切,即旧群母。

乂　今隶作乂,《唐韵》鱼废切,即旧疑母。

牙音(亦曰浅喉音)

一　今隶作一,《唐韵》於悉切,即旧影母。

厂　今隶作厂,《唐韵》呼旱切,即旧晓母。

弖　今隶作㠯，字亦作以，《唐韵》羊止切，即旧喻母。

乚　今隶作乚，《唐韵》乎感切，即旧匣母。

舌头音

刀　今隶作刀，《唐韵》都牢切，即旧端母。

土　今隶作土，《唐韵》他鲁切，即旧透母。

大　今隶作大，《唐韵》徒盖切，即旧定母。

弓　今隶作乃，《唐韵》奴亥切，即旧泥母。

舌上音

彑　今隶作毛，《唐韵》陟格切，即旧知母。

屮　今隶作中，《唐韵》丑列切，即旧彻母。

朋　今隶作宁，《唐韵》直吕切，即旧澄母。

夰　今隶作女，《唐韵》尼吕切，即旧娘母。

正齿音

弖　今隶作勺，《唐韵》之若切，即旧照母。

川　今隶作川，《唐韵》昌缘切，即旧穿母。

士　今隶作士，《唐韵》钮里切，即旧床母。

尸　今隶作尸，《唐韵》式脂切，即旧审母。

十　今隶作十，《唐韵》是执切，即旧禅母。

齿头音

弓　今隶作卩，《唐韵》子结切，即旧精母。

七　今隶作七，《唐韵》亲吉切，即旧清母。

入　今隶作亼，《唐韵》秦入切，即旧从母。

厶　今隶作厶，经典相承以私为之，《唐韵》息夷切，即旧心母。

夕　今隶作夕，《唐韵》祥易切，即旧邪母。

重唇音

八　今隶作八,《唐韵》博拔切,即旧帮母。

米　今隶作宪,《唐韵》匹刀切,即旧滂母。

白　今隶作白,《唐韵》旁陌切,即旧並母。

冂　今隶作冖,《唐韵》莫狄切,即旧明母。

轻唇音

匸　今隶作匸,经典相承以方为之,《唐韵》府良切,即旧非母。

丷　今隶作丶,《唐韵》分勿切,即旧敷母。

亻　今隶作丿,《唐韵》房密切,即旧奉母。

米　今隶作未,《唐韵》无沸切,即旧微母。

半舌音

甲　今隶作了,《唐韵》卢鸟切,即旧来母。

半齿音

人　今隶作入,《唐韵》人汁切,即旧日母。

右纽文三十六,作一等规左下,作二等规左上,作三等规右上,作四等规右下,本在其等者不规。

韵文二十二

工　今隶作工,《唐韵》古红切,即旧东、冬、钟韵。

肯　今隶作肯,《唐韵》苦江切,即旧江韵。

乙　今隶作乙,相承从俗作肱,《唐韵》古薨切,即旧蒸、登韵。

今　今隶作今,《唐韵》居音切,即旧侵韵。

廿　今隶作甘,《唐韵》古三切,即旧覃、谈、凡韵。欲作盐、添、咸、衔、严韵者,点其字下。

丌　今隶作丌,《唐韵》居之切,即旧之韵。欲作咍韵者,点其字下。

　　ꚧ　今隶作牛，《唐韵》语求切，即旧幽、尤韵。今音呼侯韵，亦入此。

　　ꝑ　今隶作幺，《唐韵》於尧切，即旧宵、肴、豪韵。今音呼萧韵，亦入此。

　　ꝿ　今隶作乙，《唐韵》虎何切，即旧歌、戈韵。

　　ꝇ　今隶作厶，《唐韵》去鱼切，即旧鱼韵。今音呼虞韵，亦入此。

　　ꝴ　今隶从小篆作虍，《唐韵》荒乌切，即旧模韵。

　　王　今隶作王，《唐韵》雨方切，即旧阳、唐韵。

　　ꞁ　今隶作丩，《唐韵》古荧切，即旧耕、清、青韵。今音呼庚韵，亦入此。

　　ꞃ　今隶作巾，《唐韵》居银切，即旧真、臻韵。

　　ꝷ　今隶从小篆作云，《唐韵》王分切，即旧谆、文、殷、魂、痕韵。

　　ꞅ　今隶作回，《唐韵》户恢切，即旧灰、微韵。

　　ꝙ　今隶从小篆作环，《唐韵》户关切，即旧元、桓韵。

　　ꝳ　今隶作干，《唐韵》苦寒切，即旧寒、删、山韵。

　　辛　今隶作辛，《唐韵》去虔切，即旧先韵。今音呼仙韵，亦入此。

　　ꞁ　今隶作乀，《唐韵》弋支切，即旧支韵。欲作佳、皆韵者，点其字下。

　　ꞧ　今隶作禾，《唐韵》古兮切，即旧脂、齐韵。

　　ꝫ　今隶作牙，《唐韵》五加切，即旧麻韵。

右韵文二十二，皆用平声深喉、浅喉之字为之。作上规左上，作去规右上，作入规右下。

如是上纽下韵，相切成音。凡《说文》《玉篇》《广韵》所著反语字，作某纽某韵者，皆悉改从纽文韵文，类为音表。音表但记音声，略及本义，小字版本不过一册。书僮竹笘，以此标识其旁，则定音自可得矣。然当其始入蒙学，即当以此五十八音，谛审教授，而又别其分等、分声之法，才及三旬，音已清逊，然后书五百四十部首，面作小篆，背为今隶，悉以纽韵作切，识其左右，计三四月而文字部居，形义相贯，不愆于素。乃以恒用各字授之，亦悉以纽韵作切，识其左右，计又得四五月，而僮子应识之字备矣。程功先后，无过期年。自是以降，乃以蒙学课本，为之讲说形体音训，根柢既成，后虽废学，习农圃陶韦之事，以之记姓名而书簿领，不患其盲。若犹有不识者，音表具在，足以按切而知，何虑其难憭耶？凡诸人事，苟偷于前者，其难在后；审察于始者，易乃在终。今教儿童习书，素无审音之术，盖非不知其善，徒畏难耳！及其据字授音，旋得复失，有入学四五年，而才识百许字者，偷计一时之便，而废数岁之功，无算已甚！震矜泰西之士，乃以汉字难知，便欲率情改作，卒之其所尊用者，音声则省削而不周，义训则华离而难合。用其语也，此以一音成义，造次易周，诡效欧风，其时间将逾三倍，妨功亏计，所失滋多。若乃著之笘簜，则以新语作一草书，视以汉语作一草书，一繁一省，按体可知。既废时日，而又空积简书，滋为重滞，其不适至易明矣。用其音也，吾所有者，彼所素无，吾所无者，亦或彼所适有，强以求谐，未有切音之用。盖庄生有言曰："凫胫虽短，续之则忧；鹤胫虽长，断之则悲。故性长非所断，性短非所续，无所去忧也。"今以中国字母施之欧洲，则病其续短矣。乃以欧洲字母施之中国，则病其断长矣。又况其他损害，复有如前所说者哉？世之君子，当以实事求是为期，毋沾沾殉名是务。欲求行远，用万国新语以省象译可也。至于汉字更易，既无其术，从而缮治，则教授疏写，皆易为功，盖亦反其本矣。

作此说竟，见《新世纪》中又有改良汉语之议，亦以排列不同，惧有质碍，故欲使汉语词气，种种与万国新语相当。如多数之名，下必加以"们"字，形容之语，下必加以"的"字，是也。不悟今世语言，本由古言转蜕，音声流衍，或有小殊，而词气皆如旧贯。今人读周、秦、两汉之书，惟通小学者，为能得其旨趣。此由古今语异，声气渐差，故非式古训者，莫能理董，其词气固非有异也。魏、晋以降，略晓文学者，能读之矣。自宋以降，略识助字者，能读之矣。里言小说，但识俗字者，能读之矣。是无他，词气本同，故通晓为易耳。今若恣情变乱，以译万国新语则易，以读旧有之典籍则难。凡诸史传文辞，向日视而能了者，今乃增其隔阂。语言之用，以译他国语为急耶？抑以解吾故有之书为急耶？彼将曰："史传者，蒿里死人之遗事；文辞者，无益民用之浮言。虽悉弃捐可也。"不悟人类所以异鸟兽者，正以其有过去、未来之念耳。若谓过去之念，当令扫除，是则未来之念，亦可遏绝，人生亦知此瞬间已耳，何为怀千岁之忧，而当营营于改良社会哉？纵令先民典记，非资生之急务，契券簿录，为今人所必用者，亦可瞢然不解乎？方今家人妇孺之间，纵未涉学，但略识千许字，则里言小说，犹可资以为乐。一从转变，将《水浒传》《儒林外史》诸书，且难卒读，而欢愉自此丧，愤郁自此生矣！彼意本以汉文难了，故欲量为革更，及革更之，令读书者转难于昔，甚矣其果于崇拜欧洲，而不察吾民之性情士用也！又谓汉字当用其最普通者，其他悉从淘汰，是又与汉字统一会同其迷谬而已。彼所谓普通，以何者为准耶？今雳虽建宅宛平，宛平之语，未可为万方准则。凡诸通都省会之间，旧语存者，以千百数，其字或世儒所不识，而按之雅记，皆有自来，即前所举油光淩、偏涑雨诸条，皆非穷乡奇谲之言也。综而存之，其字数当过常文三倍。若其自尊乡曲，以一己所闻知，为最普通者，以一己所不闻知，即谓之不普通者，名为目营四海，实乃与里巷啬夫，同其伧陋，斯亦擯落不材之至矣！又谓改良汉字，惟取点、画、直竖、右戾四者以为交叉，钩乙、左戾诸形，一切废弃，其存者复为钝势，不见锋芒，此又无所取义，率情高下，与儿童语无异。原其用意，殆为习用铅笔计耳。盖汉土尝用铅笔矣，杨雄《与刘歆书》，言"以铅擿次之于槧"；《纬书》记孔子读《易》，复有"铁擿三折"之文。是铅、铁并可作笔也。然后生觉其匡刺，而以鹿豪、兔豪代之，杨雄书中已云"三寸弱翰"，尚观武王铭笔，亦且云"豪毛茂茂"矣。盖上世惟用铅、铁，周、汉之间，鹿豪始作，犹与铅、铁并用。崔豹《古今注》曰："蒙恬始作秦笔，以柘木为管，鹿毛为柱，羊毛为被。所谓鹿豪，非兔豪竹管也。"王羲之《笔经》曰："汉时诸郡献兔豪，惟有赵国豪中用。"是时兔豪作矣。《岭表录异》曰："番禺地无狐兔，昭富、春勤等州，则择鸡毛为笔，其用也，亦与兔豪无异。"是故鸡毛笔者自南方来。（所引诸书，皆见《御览》六百五。）展转蜕变，豪之制造愈良，而铅、铁遂废不用，欧洲则讫今未改。以笔言之，亦见汉土所用为已进化，而欧洲所用为未进化也。彼固以进化为美谈者，曷不曰欧人作书，当改如汉文形态，乃欲使汉字去其锋芒，抑何其自相攻伐耶？今观汉土羊、兔诸豪，转移径便，其纸薄者用竹，厚者用楮，皆轻利胜于欧洲。诸子在巴黎，习用铅笔，则言铅笔之善，向若漂流绝域，与赤黑人相处，其不谓芦荟叶胜于竹纸者几希！呜呼！贯头之衣，本自骆越为之，《汉书·地理志》儋耳、珠崖，民皆服布如单被，穿中央为贯头。师古曰：著时从头而贯之。《南齐书》曰：扶南国女为贯头。扶南即今缅甸。是儋耳俗，与缅甸相近也。欧洲人亦服焉，而见者以为美于汉衣。刀叉之具，本自匈奴用之，《汉书·匈奴传》：单于以径路刀金留犁挠酒。欧洲人亦御焉，而见者以为美于汉食。趋时之士，冥行盲步，以逐文明，乃往往得其最野者，亦何可胜道哉？

论汉字统一会

　　汉字统一会者，规设于日本人，以反对罗甸字母，且欲联合亚东三国，遵循旧文，勿令坠地，亦微显阐幽之义也。然选择常用之字以为程限，欲效秦皇同一文字事，斯在日本，则因陋就简可也。顾中国人亦争附之，张之洞、端方辈，且代表国人为会长矣。端方胡产，素未习中土学术，特佻巧效名士以自豪，固无足论。张之洞盖略知小学者也，亦含胡与其会，何哉？日本与中国，名为同文，其源流固绝异。中国文字，自古文、小篆以至今隶，形体稍减省，而声音训诂，古今相禅。不知双声叠韵者，不可以识音变之条；不知转注假借者，不可与论义变之例。故虽习用今隶，而不得无溯其源于古文、小篆。日本则不然，强用汉字以为符号，汉字以外，自有假名，今隶不备，则切假名以足之。是故所用汉文，虽不越二千余字，绰然无匮乏忧，以自有补阙之具也。然则日本虽用汉文，犹清书之取于唐古特字而已，皮傅则相似，指实则相违也。原中国所以便俗致用者，其字虽稀，然方言处处不同，俗儒鄙夫，不知小学，咸谓方言有音而无正字，乃取同音之字，用相摄代。亦有声均小变，猝然莫知其何字者，如耳耵之作耳光，尻子之作钩子，下辅之作下爬，亚要之作呼要，是也。既非本义本形，惟强借常文以著纸帛，终莫晓其语根云何，故用字差少耳。若综其实，则今之里语，合于《说文》《三仓》《尔雅》《方言》者正多。双声相转而字异其音，邻部相移而字异其韵，审知条贯，则根柢豁然可求。余是以有《新方言》之作，虽甚简略，得三百七十事，然字为《说文》正体，而不习见者，多矣。推此，则余所未知者，或当倍蓰。适阅焦里堂《易余籥录》，有跳驼子一条："扬越之间，凡欺诈干没人钱者谓之跳驼子。"里堂以为驼即《说文》詑字，其训为欺。蕲黄间有君子告余曰："《诗》言不吴不敖。《说文》云：吴，大言也。何承天音胡化反。今吾土谓大言曰吴言，正作胡化反，特末俗不能举其字耳。"于是知余所集者，犹未周备。虽然，是三百七十事者，文理密察，知言之选，自谓悬诸日月不刊之书矣！自子云以后，未有如余者也。若遍讨九州异语，以稽周、秦、汉、魏间小学家书，其文字往往而在，视今所习用者，或增千许，此固非日本人所能知，虽中国儒流乐文采者，亦莫知也。俗士有恒言，以言文一致为准，所定文法，率近小说、演义之流。其或纯为白话，而以蕴藉温厚之词间之，所用成语，徒唐、宋文人所造，何若一返方言，本无言文歧异之征，而又深契古义，视唐、宋儒言为典则耶？昔陆法言作《切韵》，盖集合州郡异音，不悉以隋京为准。今者音韵虽宜一致，如所谓官音者。然顺天音过促急，平入不分，难为准则。而殊言别语，终合葆存。但令士大夫略通小学，则知今世方言，上合周、汉者众，其宝贵过于天球、九鼎，皇忍拨弃之为！彼以今语为非文言者，岂方言之不合于文，顾士大夫自不识字耳。若强立程限，非直古书将不可读，虽今语亦有窒碍不周者。代以同音之字，则异地者勿能通晓。夫正名百物，所以明民共财，汗漫书之，甚无谓也！余每怪新学小生，事事崇信日本，专举政事，或差可耳。一言学术，则日本所采摭者，皆自西方，而中国犹有所自得。老、庄、朱、陆，日本固不可得斯人，黜我崇彼，所谓"轻其家丘"者矣。若乃文字一途，本自汉人创造，日本特则而效焉，末流之不如本源，断可识也！日本人用汉字，惟知今隶，不明于篆文部首。夫知今隶而不知秦篆，蒙于六书之法，则一点一画，所取何义？下笔作书，不异于画蚓矣。彼欲用罗甸字母以切音者，辨声有法，犹有规则可求，不至散无友纪。此之绌而彼之优，则宜其弗能相胜。余观日本图书目录，《说文》列金石类，才比印谱，不知其为文字本根。而编辑汉文字典者，部类舛讹，肢体横决，百家一概，逐末之道固然。夫学欧洲文字者，无不知其切音之法，于汉字则绝不晓六书，此可谓识汉字乎？本形本义之不知，而欲窥求义训，虽持之也有故，其言之必不能成理。自德川幕府以来，儒者著书，多有说六艺诸子者，物茂卿、太宰纯、安井衡辈，训诂考证，时有善言，然其学位，特旁皇阁百诗、陈长发间，于臧玉林、惠定宇诸公，犹不能涉其庭庑，又况戴、钱、王、段之学乎？岂日本诸通儒，其材力必不汉人若？正由素未识字，故摘埴冥行如此也。复讨其原，终以声音不同为碍，土风异操，唇舌相戾，虽强用其文字，所谓削趾适屦者。尝观日本发音，重浊简少，计纽则穿彻不殊于心审，言韵则东钟无异于文魂，今韵未分，况能远识周秦部类？夫字失其音，则茨魂丧而精气萎，形体虽存，徒糟魄也，义训虽在，犹盲动也。是故杨、许故书，非不入目，而《一切经音义》，且视汉土藏本为完周，然皆纷如散钱，勿能施以条贯也。汉土自中唐以降，小学日微，其芒昧亦几与日本等。二徐、邢叔明、贾昌朝之流，不绝如线，而皆执守单文，勿能左右采获。王介甫新学起，小学遂大破坏，硕果不食，则王圣美始发右文之绪，郑庠、吴械潜伏孽芽，稍益旁求古韵，数遭绳削，以有宁人、慎修之书，由音索义，廓尔洞通。休宁有大儒出，九变复贯，传之其人，百余年中，形、音、义三，皆得俞脉，非特超轶唐、

章太炎手书"蓟汉"

章太炎手书"中华民国"

宋，其神解聪察，虽汉儒犹愧之矣！方宜简稽古语，以审今言，如执左券，以合右方之契，虽更千载，而豪忽未尝相左，乃以限制文字为汉字统一之途，不亦远乎？夫日本之规设此会者，皆素不识字者也。彼以己国为主，而震旦、朝鲜，皆其宾从，斯则无责尔矣。若欲旁达中区，从其节度，譬之以卖饼家，而制大官之羹剂，亦不自量度哉！中国人虽自枉屈，于此固自知其胜于日本，俯而殉之，则何也？若谓十年以内，士气夸毗，惟变古易常是务，不如是，将不足保存汉文者，此则学校宜置小学一科，比于浅露不根之经史学，其虚实相悬矣。不然，小学既亡，而欲高谈古义，何异浮绝港以趋溟渤哉？余于张之洞，戎夏异途，然故非有私怨小忿，念其窥知古学，于当今百执事间，亦佣中之佼也。且国文之用，不以朝姓变易而殊，虽仕清廷，于此不宜抑挫。故略疏斯事是非，以激其意。鼓钟在宫，声闻于外，亦犹杨子云之望伯松欤？

《新方言》序

　　维周、召共和二千七百四十九年，岁在著雍涒滩，月在毕陬，丁亥朔，章炳麟曰：自扬子云纂《方言》，近世杭、程二家皆广其文，撮录字书，勿能为疏通证明，又不丽于今语。钱晓徵，盖志辀轩之官守者也，知古今方音不相远。及其作《恒言录》，沾沾独取史传为征，亡由知声音文字之本柢。仁和翟灏为《通俗编》，虽略及训诂，亦多本唐、宋以后传记杂书，于古训藐然亡丽；俄而撮其一二，又楯不理析也。考方言者，在求其难通之语，笔札常文所不能悉，因以察其声音条贯，上稽《尔雅》《方言》《说文》诸书，敳然如析符之复合，斯为贵也。乃若儒先常语，如不中用、不了了诸文，虽亡古籍，其文义自可直解，抑安用博引为？然自戴、段、王、郝以降，小学声均炳焉复于保氏，其以说解典策，谡然理解；独于今世方言，丘盖如也。戴君作《转语》二十章，其自述曰："人之语言万变，而声气之微有自然

扬雄（前 53 年—18 年），字子云，蜀郡郫县（今四川省成都市郫都区）人。 汉代辞赋家、思想家，著有《太玄》《法言》《方言》等

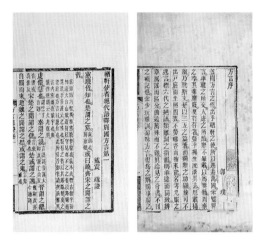

扬雄《方言》,本名《輶轩使者绝代语释别国方言》

之节限。是故六书依声托事,假借相禅,其用至博,操之至约。五方之言及少儿学语未清者,其展转讹溷,必各如其位。昔人既作《尔雅》《方言》《释名》,余以为犹阙一卷书,创为是篇,用补其阙。疑于义者,以声求之;疑于声者,以义正之。"以上戴说。善哉!非耳顺者孰能与于斯乎?《转语》书轶不传,后昆莫能继其志。名守既慢,大共以小学之用,趣于道古而止,微欤!不知其术,虽家人簟席间,造次谈论,且弗能自证其故。方今国闻日陵夷,士大夫厌古学弗讲,独语言犹不违其雅素,殊言绝代之语,尚有存者。世人学欧罗巴语,多寻其语根,溯之希腊、罗甸;今于国语顾不欲推见本始,此尚不足齿于冠带之伦,何有于问学乎?

余少窥扬、许之学,好尚论古文,于方言未遑暇也。中更忧患,悲文献之衰微,诸夏昆族之不宁壹,略撷殊语,征之古音,稍稍得其鰓理。盖有诵读占毕之声,既用《唐韵》,俗语犹不违古音者;有通

章太炎手书《东京赋》

语既用今音，一乡一州犹不违《唐韵》者；有数字同从一声，《唐韵》已来一字转变，余字则犹在本部，而俗语或从之俱变者；远陌纷错，不可究理，方举其言，不能征其何字，曷足怪乎？若夫矜之为光棍也，耿之为耳卦也，亚腰之为呼腰也，和门之为欢门也，其语至常，其本字亦非僻隐不可知者；不晓音均变转之友纪，遽循其唇吻所宣以检字书，则弗能得。斯戴君《转语》之所以贵。因以比类，虑得六例。一曰：一字二音，莫知其正。衣开曰褎，从声类则音如启，依多声则音如叉；物乱曰缩，准《唐韵》则声如茜，随转语则声如糟；是也。二曰：一语二字，声近相乱。谓去曰朅，朅、去双声，故言朅者犹书去；谓吃本既之借，依类音讫。曰啜，啜、吃叠韵，故言啜者犹书吃；是也。三曰：就声为训，皮傅失根。据地不起曰赖蔆，因以声训，则曰赖诈；受人雍蔽曰谩在兜里，因以声训，则曰鞔在鼓里；是也。此例即《释名》旧法，未为甚谬。然求其声义则是，指为本语则非。如：天，显也，不可直以显为天；春，蠢也，不可直以蠢为春。四曰：余音重语，迷误语根。楬曰楬剌，以剌亡义则蔽楬；纥曰纥怛，以怛亡义则蔽纥；釜曰釜卢，以卢亡义则蔽釜；是也。此例亦昉于古。如：焦侥有侥亡焦，旁皇有旁亡皇。与叠韵连语纯亡本字者又各有异。五曰：音训互异，凌杂难晓。朾饭即盛饭，朾卦即贞卦，朾听即侦听，言朾同，所为言朾异；在面曰巴为辅，在孔曰巴为魄，在尾曰巴为把，言巴同，所为言巴异；是也。六曰：总别不同，假借相贸。凡以手敛持通曰叉，以手敛胁则别曰侈；凡有所摄受通曰用，以口受食则别曰㕥；是也。明斯六例，经以音变，诸州国殊言诘诎者，虽未尽憭，傥得模略，足以聪听知原。后生不可待也，及吾未入丘墓之时，为之理解，犹愈于放失已。会仪征刘光汉申叔、蕲春黄侃季刚亦好小学，申叔先为札记三十余条，季刚次蕲州语及诸词气。因比辑余说及二君所诊发者，亡虑八百事，为《新方言》十一篇。恨见闻不周浃，其有异语，俟他日补次之。读吾书者，虽身在陇亩，与夫市井贩夫，当知今之殊言，不违姬、汉。既陟升于皇之赫戏，案以临瞻故国，其恻怆可知也！

《小学答问》序

　　近代言小学者众矣。经典相承，多用通假，治雅训者，徒以声义比类相从，不悉明其本字。《说文》之学，段、桂、严、王为上第，晚近有朱氏，三家惟校理形体说解，段君由通假以得本字，犹未宣究，朱氏拘牵同部，暗于双声相借，又不明旁转对转之条，粗有补苴，犹不免于专断。又，字者，言其孳乳浸多，《说文》列字九千三百五十有三，然或自一义引申，累十名而同条贯，诸家多未能昭察也。若乃天保、天部，安分异辞，顽民、献民，贤愚殊训，不睹比物丑类之则，苟为离析者多矣。余以鞅掌之隙，息肩小学，诸生往往相从问字，既为陈先正故言，亦以载籍成文，钩校枉韦，断之己意，以明本字借字流变之迹，其声义相禅别为数文者，亦稍示略例，观其会通，次为《小学答问》。开而当名，辨物正言，断辞则备矣，过此以往，未之或知也。章炳麟记。凡同音通假之字，非《说文》所谓假借。然自郑君已用斯名，后人相承不改，今亦随俗。其辨在后。

章太炎《小学答问》书影

《文始》叙例

叙曰：仓颉之初作书，盖依类象形，其后形声相益，即谓之字。文者，物象之本；字者，言孳乳而浸多也。以讫五帝、三王之世，改易殊体，封于泰山者，七十有二代，靡有同焉。然则独体者，仓颉之文；合体者，后王之字。韩非言仓颉作书，自营为厶，背厶为公。公非仓颉初文，特连类言之。王育谓仓颉造秃字，秃亦会意之文，非必仓颉所作。古文大篆虽残缺，仓颉初文，固悉在许氏书也。自张揖、李登、吕忱、陆德明、曹宪、玄应、颜师古诸通人，专治小学，依隐声义，为得其宗。晚世王、段、钱、郝诸家，不违宪章，穆若抽其条理，自余或偏理《说文》，拘牵形体。文字者，词言之符，以爻象箸竹帛，小道恐泥，亦君子所不屑也。而世人多喜回遹，刮摩铜器，以更旧常，或以指事、象形为本，转注、假借为末，其所据依，大抵诪张刻画，不应礼图，乃云李斯作篆，已多承误，叔重沿而不治，至欲改易经记，以"倍鸞"为"附喜"、"宁王"为"文王"，则古义滋荒矣。古文自汉时所见，独孔子壁中书，更王莽赤眉丧乱，至于建武，《史篇》亦十亡三四，《说文》徒以秦篆苴合古籀，非不欲备，势不可也。然《仓颉》《爰历》《博学》三篇，才三千三百字，《凡将》《训纂》继之，纵不增倍，已轶出秦篆外。盖古籀及六国时书，骎骎复出，而班固尤好古文，《叙传》自述曰：正文字，惟学林。《汉书》"艸"字多书作"中"，盖多以古文箸之。作十三章，网罗成周之文及诸山川鼎彝盖众，《说文》

聚字九千，视秦篆三之矣。非有名器之刻，遗佚之文，诚不足以致此。《说文》所录，亦有六国以后俗篆，如登、卷从豆是也。亦有相如、子云所作，如邎、珲等字是也。亦有汉时官府常行之字，如鄯善得名，为霍光所新定是也。然此但千分之一耳。其在《仓颉》《爰历》《博学》外者，参半古籀，大抵字数与秦篆等，以其字本无秦篆，则无由箸古籀之名，遂令后生滕口，亦可惜。此则古籀懟遗，其梗概具在《说文》。犹有不备，《礼》经古文、《周官》故书、三体石经、邯郸淳通许氏字指，所书古文必有明验，今亦徒存数百字尔。陈仓石鼓之伦，亦足以裨补一二。自宋以降，地臧所发，真伪交糅，数器相应，足以保任不疑，即暂见一二器者，宜在盖阙，虽捃撠不具，则无伤于故训也。若乃荧眩奇字，不审词言之符，譬之瘖聋，盖何足选。诚欲遵修旧文，商周遗迹，盘纡刻俨，虽往往见矜式，犹不逮仓颉所作为珍，反乃质之疑事，征以泑形，得麎毛，失六瓝，取败瓦，遗球磬，甚无谓也。然其忻心邃古，犹自有足多者，徒陈雅故，或不足以塞望。夫比合音义，稽撰《仓》《雅》，耆秀之士，作者众矣。及夫抽绎初文，傅以今字，剀切而不可易者，若楚金以主为烛，若膺以く为涓，盖不过一二事也。道原穷流，以一形衍为数十，则莫能知其微。余以颛固，粗闻德音，闵前修之未宏，伤肤受之多妄，独欲浚抒流别，相其阴阳，于是刺取《说文》独体，命以初文，其诸省变，省者，如兀之省飞，乇之省木是也。变者，如反人为匕，到人为匕是也。此皆指事之文，若乄从彳而引之，夭矢尣从大而诎之，亦皆变也。如上诸文，虽皆独体，然必以他文为依，非独立自在者也。及合体象形、指事，合体象形如果、如朵，合体指事如叉、如叉。与声具而形残，如氏从乁声，内从九声，乁、九已自成文，㠯、ㄅ犹无其字，此类甚少，盖初有形声时所作，与后来形声皆成字者殊科。若同体复重者，二、三皆从"一"积画，屮、茻、艸皆从"中"积书，此皆会意之原，其叒字从屮又，北字从儿匕，亦附此科，非若止戈、人言之伦，以两异字会意也。二、三既是初文，其余亦可比例。谓之准初文，都五百十字，集为四百五十七条。讨其类物，比其声均，音义相雠，谓之变易；即五帝、三王之世改易殊体者。义自音衍，谓之孳乳。坙而次之，得五六千名，虽未达神恉，多所缺遗，意者形体声类，更相扶胥，异于偏旁之议。若夫囟、朩同语，囧、横一文，天即为颠，语本于囟，臣即为牵，义通于玄，中、出、峃、至，同种而禅，丑、巨、父、互，连理而发，斯盖先哲之所未谕，守文者之所痀劳，亦以见仓颉初载，规摹宏远，转注、假借，具于泰初，盖《周官》保氏教国子明六书，卒乃登之成均，主之神瞽，风山川以修宪命，其后而日远矣。

略例甲曰：诸独体皆仓颉初文，籀文从之，则《说文》称籀，如儿字是也。小篆从之，则《说文》称篆，如一字、工字是也。古文多或，故重出古文者，其正篆不皆秦书，独体之文既寡，仓颉作书，势不简略若是，观二三之复一，即知准初文者，亦出轩辕之年。今叙《文始》，悉箸初文，两义或同，即从并合，其准初文，或自初文孳乳，然以独立为多，若准初文无所孳乳，亦不可得所从受者，不悉箸也。

略例乙曰：象形指事，始于仓颉，依类象形，本统指事为说。其余四事，亦已备矣。何者？二三积画，既是重一，徒无异形相合，已肇会意之端，乂从丿乀，回从重囗，虽有古文囘字，回亦古文。命以象形、指事，于会意亦兼之也。氏从乁声，内从九声，乁、乀虽不成名，乀、九居然可识，斯亦形声之例也。初义、准初文无虑五百，当数千名之义，假借托事，自古以然，徐楚金始言引申之义，寻《说文》

以令长为假借，则假借即引申之义也。若本有其字，以声近通用者，是乃借声，非六书之假借，其有强为区别，仓卒未造其字者，虽借声亦附假借之科。若汉初帝女王女同称公主，欲为区别，则书王女为翁主。王莽时，丈夫妇人悉封男国，欲为区别，则予妇人以任名。于古亦有斯例，姓氏初本一语，但言生耳，其后礼名有辩，既造姓字，对转其音而为氏，以示别异，然氏竟无本字，此亦假借之例，其余借声之字，本与假借殊科。中之与峀，予之与与，声义非有大殊，文字即已别见，当以转注，宛尔合符。转注不空取同训，又必声韵相依，如考、老本叠韵变语也。或言六书始于《保氏》，殊无征验，《管子·轻重戊》曰："虑戏作九九之数以合天道。"经典九数见名，则始《保氏》，保氏非作九数，知亦不作六书。意者古有其实，周定其名，非仓颉时遽无六书也。

略例丙曰：物有同状而异所者，予之一名，易与鼍、雁与鸸鹅是也。有异状而同所者，予之一名，钜与黔、钜即今金刚石，黔即臭煤，物质本同，故黔音由钜而转，见本条。鼠与翟是也。庶物露生，各异其本，文言孳乳，或为同原。若蓝名本葱，鼃名依龟，种族自别，形态相从，则其语由此迻彼，无间于飞潜动植也。然《尔雅·释艸》以下六篇，名义不能备说，都邑山水，复难理其本原，故孳乳之文，数者多阙。

略例丁曰：声有阴阳，命曰对转，发自曲阜孔君，斯盖眇合殊声，同其臭味。观夫言语迁变，多以对转为枢，是故乙、燕不殊，亢、胡无别，但、裼、裸、裎，一义而声转；幽、佥、杳、晻，同类而语殊。古语有阴声者，多有阳声与之对构，由是声义互治，不间翻忽，徒取《说文》为之省并，其数已参分减一，履端泰始，益以闿明，易简而天下之理得者，斯之谓也。今所摛叙，未能延遍九千，世有达者，当能弥缝其阙。假令尽兹潢潦，澄以一原，觭字片言，悉知所出，斯则九变复贯，卓尔知言之选者矣。

略例戊曰：文字孳乳，或有二原，是故初文互异，其所孳乳或同。斯由一义所函，辄兼两语，交通复入，以是多涂。若夫绛为大赤，轺为小车，得语所由，不于赤车而于大小，斯胤言之恒律。若复兼隶赤车，即为二文所孳乳矣。譬之道路，少或一达，多乃九逵，无病支离，亦非破碎。夫圜周复杂，发挥旁通，斯语言所以神，今并箸互出者，变而通之，以尽利也。

略例己曰：书契初兴，或云泛笼圆则，或谓多倚实形，斯并一曲之见。夫因日有迒，因月有远，则由物名以成意想矣。丨先中造，◆先主造，则由玄念以定形色矣。曩者八卦命名，文字未箸，震坎则以质命，巽艮乃以意施，语言不齐，自结绳之世已然，仓颉离于艸昧，盖已二三千岁矣，冠常宫室，既略周备，文思利用，饰伪萌生，语有华实之殊，则字有通局之异，守其一隅，恐长见笑于大方也。若欲俪追生民之始，官形感触，词气应之，形状之辞宜为略最似，以名召物，犹其次矣。

略例庚曰：昔王子韶创作右文，以为字从某声，便得某义，若句部有钩、笱，臤部有紧、坚，丩部有纠、茻，辰部有脉、覤，及诸会意形声相兼之字，信多合者，然以一致相衡，即令形声摄于会意。夫同音之字，非止一二，取义于彼，见形于此者，往往而有，若农声之字多训鼻大，然农无鼻大义；支声之字多训倾邪，然支无倾邪义。盖同韵同纽者，别有所受，非可望形为验。况复旁转对转，音理多涂；双声驰骤，其流无限。而欲于形内牵之，斯子韶所以为荆舒之徒，张有沾沾，犹能破其疑滞。今者小学大明，岂可随流波荡？《文始》所说，亦有专取本声者，无过十之一二，深惧学者或有锢駤，复衍右文之绪，则六书残而为五，特诠同异，以谞方来。

略例辛曰：古韵二十三部，盖是诗人同律，取被管弦。诗之作也，谅不于上皇之世。然自明良喜起，箸在有虞，斯殆泠伦作乐，部曲已分，降及商周，元音无变。至于语言流衍，不尽遵其局道。然非韵无以明也。近世有黄承吉，懝易顾、江、戴、段之书，以为簿书检校，非闳通者所务，自定古音为曲、直、通三类，斯亦偏有得失。夫语言流转，不依本部，多循旁转对转之条，斯犹七音既定，转以旋宫，则宫商易位，错综以变，当其未旋，则宫不为商，商不为角，居然有定音矣。若无七音之准，虽旋宫亦无所施，徒增其眯乱耳。夫经声者方以智，转声者圆而神，圆出于方，方数为典，非有二十三部，虽欲明其转变，亦何由也。黄氏所条，易则易矣，然且曲通相阂，侯东无以对转，诚欲就简，独有合为一部，循二毛之谰语，斯则可也。犹有辩异，曷若分其孛什，综其弇侈，以简驭纷，则总纰于此，成文于彼，无患通转有穷，流移或窒，权衡得失，断可知矣。

略例壬曰：近代言小学者，或云才识半字，便可例他，此于韵类则合，音纽犹不应也。凡同从一声者，不皆同归一纽，若已、目之声，皆在浅喉，而台、胎在舌，侣侯在齿；亚、酉之声，喉舌殊致，而自酉出酋，乃为齿音；九声古今皆在深喉，而内从九声，篆文作蹂，则在舌头矣；八声古今皆在重唇，而穴从八声，则在浅喉矣。欲言讹音变古，则音异者古亦有征，古音本综合方言，非有恒律，转注所因，斯为悬象。假令考老小殊，不制异字，则老字兼有考音，其他可以类例。然则分韵之道，闻一足以知十，定纽之术，犹当按文而施，但知舌上必归舌头，轻唇必归重唇，半齿弹舌，读从泥纽，齿头破碎，宜在正齿，今之字母，可省者多，斯亦足矣。若以声母作概，一切整齐，斯不精之论也。

略例癸曰：形声既定，字有常声，独体象形，或有逾律，若丙读沾导，乃今甜舕字也，又读若誓，则舌亦作丙矣。囟声近颠，今言囟门，犹并作息进切，然思从囟声，则复移入之部，或字所以作臂，震取囟声，则脑亦作囟矣。何者？独体所规，但有形魄，象物既同，异方等视，各从其语以呼其形，譬之画火，诸夏视之则称以火，身毒视之则称以阿揭尼，能呼之言不同，所呼之象不异，斯其义也。乃至丨字指事，进退殊言；㗊字会意，嗷呶异读。亦或从其类例，皆以字非形声，兆域不定，今述《文始》，以丙、囟、丨、㗊诸文兼隶异部，诸所孳乳，义从声变，犹韵书有一字两收也。又世人多谓周秦以上，音当其字，必无讹声，斯亦大略粗举，失之秋豪。夫雟从甹声，队支互读；彝从彑声，泰脂挟取，未越弇侈之律也。乃若臺、孰、雕、敫，同在幽部，臺声字古已入谆；奥、燠、薁、墺，本在寒部，奥从采声，古文墺从采声。奥声字古已入幽；至转为吊，輣变为蜇，至宵乱流，幽泰交捽，此于韵理无可言者，明古语亦有一二讹音，顾其数甚少尔。必云声理宜然，即部部可归一韵。若云东、冬诸目，定自后人，不容议古，古之韵略，欲以何明？今者，沿用《切韵》，以明封畛，不谓名自古成，由名召实，更无异趣，如严章甫以五音分配，既用《切韵》标目，又杂以己所定名，朱允倩则借卦名标韵，皆谓陆书非古，宁自改作，然即新定诸名，亦岂周、秦所有？江慎修以第一第二分部，段若膺亦依用之，直由曲避嫌疑，致斯暧昧。既不明署部名，将令学者猝不易了，不若仍从《切韵》，存其符号也。古音或不当形声，欲求孳乳，自宜觖曲相迁，若赏知音，即须弇侈有异，斯非丙、囟、丨、㗊之例所能饰也。

讲文学

（一九〇六年九月讲于日本）

何以谓之文学？以有文字著于竹帛，故谓之文。论其法式，谓之文学。凡文理、文字、文辞皆谓之文。而言其采色之焕发，则谓之彣。《说文》云："文，错画也，象交文。""彣，䴥也。""䴥，有彣彰也。"或谓文章当作彣彰，此说未是。要之，命其形质，则谓之文；状其华美，则谓之彣。凡彣者必皆成文，而成文者，不必皆彣。是故研论文学，当以文字为主，不当以彣彰为主。今举诸家之说，商订如下。

《论衡·超奇篇》云："能说一经者为儒生，博览古今者为通人，采掇传书以上书奏记者为文人，能精思著文连结篇章者为鸿儒。"又曰："州郡有忧，有如唐子高、谷子云之吏，出身尽思，竭笔牍之力，烦忧适有不解者哉！"又曰："长生死后，州郡遭忧，无举奏之吏。以故事结不解，征诣相属，文轨不尊，笔疏不续也。岂无忧上之吏哉？乃其中文笔不足类也。"又曰："若司马子长、刘子政之徒，累积篇第，文以万数，其过子云、子高远矣。然而因成前纪，无胸中之造。若夫陆贾、董仲舒论说世事，由意而出，不假取于外，然而浅露易见，观读之者，犹曰传记。阳城子长作《乐经》，扬子云作《太玄经》，造于助思，极窅冥之深，非庶几之才，不能成也。"桓君山"作《新论》，论世间事，辩照然否，虚妄之言，伪饰之辞，莫不证定。彼子长、子云说论之徒，君山为甲。自君山以来，皆为鸿眇之才，故有嘉令之文。"据此所说，文之与笔，本未分途，而所谓文者，皆以善作奏记为主。自是以上仍有鸿儒。鸿儒之文，若司马子长、刘子政所著，则为历史；陆、董、阳城、扬四子所著，则为诸子经说；君山所著，则为诸子。是历史、经说、诸子三者，彼方目以最上之文，非如后人摈此于文学之外，而沾沾焉惟以华辞为文，或以论说、记序、碑志、传状为文也。惟能说一经者，则不在此列。盖学官弟子，聚徒讲经，须以发策决科，其所撰者，无异于后世之帖括，是故屏之不与也。

自晋以后，始有文、笔之分。《文心雕龙》云："今之常言，有文有笔，无韵者文也，有韵者笔也。"然《雕龙》所论列者，艺文之属，

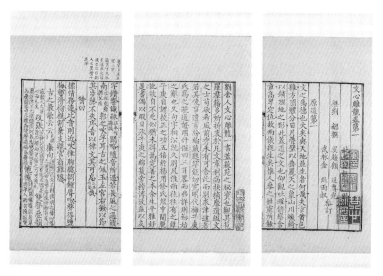

刘勰《文心雕龙》书影。 刘勰（约465—约532年），字彦和，南北朝时期文学理论家。 少时家贫，齐末成体大思密《文心雕龙》五十篇

一切并包，是则文笔分科，只存时论，固未尝以此为限界也。昭明太子之序《文选》也，其于历史，则云"事异篇章"；其于诸子，则云"不以能文为贵"。此为裒次总集，自成一家，体例适然，非不易之定论也。若以文、笔区分，则《文选》所登无韵者，亦自不少。若以文之为道，贵在彣彰，则未知贾生《过秦》，比于周、秦诸子，其质其彣，竟何所判？且《汉书·艺文志》儒家者流，有贾谊五十八篇，《过秦》亦在其列。此亦诸子，何以独堪登录？有韵文中，既登汉祖《大风》之作，即《古诗十九首》亦皆入选，而汉、晋《乐府》，反在所遗，是其于韵文也，亦不以节奏低昂为主，惟取文采斐然，足耀观览，又失韵文之本矣。是故昭明之说，本无可以成立者也。

近世阮伯元氏，以为孔子赞《易》，始著《文言》，故文必以骈俪为主，而又牵引文、笔之分，以成其说。夫有韵为文，无韵为笔，则骈散诸体，皆是笔而非文。藉此证成，适足自陷。既以《文言》为文，则《序卦》《说卦》，又将何说？且文辞之用，各有所当。《彖》《象》诸篇，属于占繇之体，则不得不为韵语；《系辞》《文言》，属于述赞之体，则不得不为俪辞；《序卦》《说卦》，或属目录，或属笺疏，则不得不为散录。必以俪辞为文，何以《十翼》不能一致？岂波澜既尽，有所谢短乎？或举《论语》"辞达"一言，以为文之与辞，划然异职。然则《文言》称文，《系辞》称辞，体格未殊，而称号有异，此又何也？董仲舒云"《春秋》文成数万"，兼彼经传，总称为文，犹曰今文家之曲说。太史《自序》亦云"论次其文"，此固以史为文也。又曰："汉兴，萧何次律令，韩信申军法，张苍为章程，叔孙通定礼仪，则文学彬彬稍进。"此非骈偶之文，而未尝不谓之文也。屈、宋、唐、景之作，既是韵文，亦多骈语。而《汉书·王褒传》已有《楚辞》之目，王逸仍之。名曰"楚辞"，不曰"楚文"，则有韵与骈偶者，亦未尝不谓之辞也。《汉书·贾谊传》云："以属文称于郡中。"其文云何？若云赋也，则《惜誓》登于《楚辞》，文辞不别矣；若云奏记条议，则又彼之所谓辞也。《司马相如传》云："景帝不好辞赋。"《法言·吾子》篇云："诗人之赋丽以则，辞人之赋丽以淫。或问君子尚辞乎？曰君子事之为尚，事胜辞则伉，辞胜事则赋，事辞称则经。"此可见韵文、骈体，皆可称辞，无文、辞之别也。且文辞之称，若从其本以为分析，则辞为口说，文为文字。古者简帛重烦，多取记臆，故或用韵文，或用骈语，为其音节谐熟，易于口记，不烦纪载也。战国纵横之士，抵掌摇唇，亦多叠句，是则骈偶之体，适可称职。而史官方策，如《春秋》《史记》《汉书》之属，乃当称为文耳。由是言之，文、辞之分，矛盾自陷，可谓大惑不解者矣。盖自梁、李、韩、柳、独孤、皇甫、吕、李、来、张之辈，竞为散体，而自美其名曰古文辞，将使骈俪诸家，不登文苑，此固持论偏颇，不为典要。今者务反其说，亦适成论甘忌辛之见，此亡是公之所笑也。

或言学说、文辞所以异者，学说在开人之思想，文辞在动人之感情。虽亦互有出入，而大致不能逾此。此亦一偏之见也。何以定之？文之为名，包举一切著于竹帛者而言之，故有成句读之文，有不成句读之文，兼此二事，通谓之文。就成句读者言之，谓之文辞；就无韵文之部分言之，则有六科，而杂文、小说，居其二焉。凡不成句读者，表谱之体，旁行邪上，件系支分。会计之簿录，算术之演草，地图之列名，此皆有名身而无句身。若此类者，无以动人之思想，亦无以发人之感情，此不得谓之文辞，而未尝不得谓之文也。其成句读者，复有有韵、无韵之别。无韵文中，当有学说、历史、公牍、典章、杂文、小说六科。就吾所说，则有韵、无韵，皆可谓之文辞。特其体裁有异，故所以断其工拙者，各有不同。就彼所说，则除学说而外，一切有韵、无韵之文，皆得称为文辞，而一以激发感情为主，则其误亦已甚矣。无韵文中，专尚激发感情者，惟杂文、小说耳。历史之中，目录、学案，则于思想有关，而于感情无涉。其他叙事之文，固有足动感情者，然本非以是为主。盖叙事者，在得其事之真相耳。其事有足动感情与不动感情之异，故其文亦有足动感情与不动感情之异。若强事而就辞，则所谓削足适屦者也。至于姓氏之书，列入史科，此则无关思想，亦无关于感情者也。公牍之中，诏诰奏议亦有能动感情者，然考绩升调之诏，支销举劾之书，则于感情固无所预。其取动感情者，惟为特别事端，非其标准在此也。诉讼之词状，录供之爱书，当官之履历，经商之引帖，此足动感情乎？抑不足动感情乎？典章之中，思想感情，皆无所预。若评论典章，与寻求其原理者，此则诸子之法家，当在学说，非彼所谓文辞矣。然则无韵之文，除学说外有历史、公牍、典章、杂文、小说五科，而三科皆不以能动感情为主，惟杂文、小说，则以是为标准耳。有韵之文，诚以能动感情为主矣，然如蓍龟、象象之文，体皆韵语，命曰占繇，《周易》而外，见于《左氏》者多，乃如扬子之《太玄》，焦赣之《易林》，东方朔之《灵棋》，其文古雅有余，而于感情实无所动。其他诗、赋、箴、铭、哀、诔、词、曲之属，固以宣情达意为归，抑扬宛转，是其职也。虽然，儒家之赋，意存谏戒，若荀卿《成相》一篇，固无能动感情之用。毛公传《诗》，独标兴体，所谓兴者，即能动感情之谓。则知比、赋二式，宜不以此为限。《传》称："登高能赋，谓之德音。"然则原本山川，极命草木，若相如之《子虚》，扬雄之《羽猎》《甘泉》，左思之《三都》，郭璞、木华之《江》《海》，奥博翔实，极赋家之能事矣。其于感情，动耶否耶？（惟相如《大人赋》，汉武读之，飘飘有陵云气、游天地间意。此自凭虚构造之作，与《子虚》诸篇不同。）其专赋一物者，若荀卿之《蚕赋》《箴赋》、王延寿之《王孙赋》、祢衡之《鹦鹉赋》，侔色揣称，曲尽形相，读者感情亦未动也。今之言诗，与古稍异，故诗、赋分为二事。汉世《郊祀》《房中》之歌，沉博绝丽，而庄敬之情，览者曾不为动。盖其感人之处，固在彼之管弦，非局于词句也。若夫《柏梁》联句，语皆有韵，后世遵之，自为一体。今试绅绎其辞，惟是夫子自道。而上林令诗，则以"桃李橘柏枇杷梨"七字堆绩成言，无异《急就篇》中文句。若以《柏梁诗》为不善，则固诗人所尊奉也；若以《柏梁诗》为善，则无可动人之感情也。然则谓文辞之妙，惟在能动感情者，在韵文已不能限，而况无韵之文乎！彼专以杂文、小说之能事，概一切文辞者，是真知其一而不知其二也。或云壮美，或云优美，学究点文之法，村妇评典之辞，庸陋鄙俚，无足挂齿。而以是为论文之轨，不亦过乎？吾今为一语曰：一切文辞（兼学说在内），体裁各异，以激发感情为要者，箴、铭、哀、诔、诗、赋、词、曲、杂文、小说之类是也；以浚发思想为要者，学说是也；以确尽事状为要者，历史是也；以比类知原为要者，典章是也；以便俗致用为要者，公牍是也；以本隐之显为要者，占繇是也。其体各异，故其工拙，亦因之而异，其为文辞则一也。

如上诸说，前之昭明，后之阮氏，持论偏颇，诚不足辩。最后一说，以学说与文辞对立，其规模虽稍宽博，而其失也在惟以送彰为文，而不以文字为文，故学说之不送者，则悍然摈之于文辞之外。惟《论衡》所说，略成条理。先举奏记为质，则不遗公牍矣，次举叙事、经说、诸子为言，则不遗历史与学说矣。有韵为文人所共晓，故略而不论，杂文汉时未备，故亦不著。不言小说，或其意存鄙夷。不列典章，由其文有缺略，此则不能无失者也。虽然，王氏所说，虽较诸家为胜，亦但知有句读文，而不知无句读文，此则不明文学之原矣。

吾今当为众说，古者书籍得名，由其所用之竹木而起，此可见语言、文学，功用各殊，是文学之所以称文学也。且如"经"之得称，谓其"常"也；"传"之得称，谓其"转"也；"论"之得称，谓其"伦"也。此皆后儒训说，未必睹其本真。欲知称经称传称论之由，则经者，编丝缀属之谓也，是故六经而外，复有纬书，义亦同此。如佛经称"素怛缆"（亦云"修多罗"）。素怛缆者，直译为线，译意为经。盖彼以贝叶成书，故不得不用线联贯。此以竹简成书，亦不得不编丝缀属，其必举此为号者，异于百名以下，专用版牍者耳。盖经本官书，故《吴语》有"挟经秉枹"之说（韦《解》："经，兵书也。"此说未确，岂有临阵而读兵书者。盖尺籍伍符之属，临阵携之，取便检点）。字既繁多，故用策而不用版也。传者，专之假借也。《论语》"传不习乎"，鲁作"专不习乎"，是其明证。《说文》训"专"为"六寸簿"，簿则手版，古谓之"忽"（今作笏）。"书思对命"，以备忽忘，故引伸为书籍记事之称。书籍名簿，亦名为专。专之得名，以其体短，有异于经。郑康成《论语序》云："《春秋》二尺四寸，《孝经》一尺二寸，《论语》八寸。"则知专之简策，当更短于《论语》，所谓六寸者也（《汉·艺文志》言刘向校中古文《尚书》，有一简二十五字者。而服虔注《左氏传》则云：古文篆书一简八字。盖二十五字者，二尺四寸之经也；八字者，六寸之专也。古官书皆长二尺四寸，故云二尺四寸之律。举成数言，则曰三尺。《法经》亦官书，故长如之。

其非经律，则称短书。皆见《论衡》）。论者，古只作仑。比竹成册，各就次第，是之谓仑。箫亦编竹为之，是故"龠"字从"仑"，引伸则乐音之有秩序者，亦称为仑。"于论鼓钟"是也。言说之有秩序者，亦称为仑，"坐而论道"是也。推寻本义，实是"仑"字。《论语》为师弟问答，而亦略记旧闻，散为各条，编次成帙，故曰《仑语》。要之，经者，绳线贯联之称；传者，簿书记事之称；论者，比竹成册之称。各从其质，以为之名，亦犹古言方策，汉言尺牍，今言札记也。虽古之言"肄业"者（《左氏传》："臣以为肄业及之也。"），亦谓肄版而已。《释器》云："大版谓之业。"所习之书，各有篇第，而习者移书其文于版（学童习字用觚，觚亦版也），故云肄业。《管子·宙合》篇云："退身不舍端，修业不息版。"以此证之，则"肄业"之为"肄版"明矣（学业之名，由此引伸，与事业、功业异义）。据此诸证，或简或牍，皆从其质为名，此所以别文字于言语也。其所以必为之别者，何也？文字初兴，本以代言为职，而其功用，有胜于言者。盖言语之用，仅可成线，喻如空中鸟迹，甫见而形已逝。故一事一义，得相联贯者，言语司之。及夫万类坌集，棼不可理，言语之用，有所不周，于是委之文字。文字之用，可以成面，故表谱图画之术兴焉。凡排比铺张，不可口说者，文字司之。及夫立体建形，向背同现，文字之用，又有不周，于是委之仪象。仪象之用，可以成体，故铸铜雕木之术兴焉。凡望高测深，不可图表者，仪象司之。然则文字，本以代言，而其用则有独至。凡无句读之文，皆文字所专属者也。文之代言者，必有兴会神味；文之不代言者，则不必有兴会神味。不代言者，文字所擅场也。故论文学者，不得以感情为主。

今先说文学各科如下：

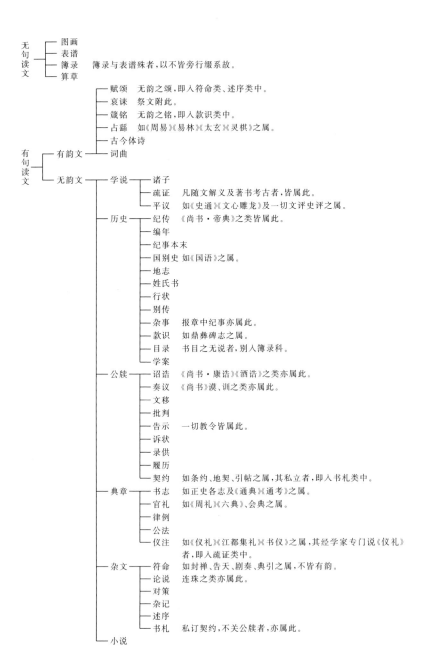

如右所说，分无句读文、有句读文为二列。其下分十六科，即图画、表谱、簿录、算草、赋颂、哀诔、箴铭、占繇、古今体诗、词曲、学说、历史、公牍、典章、杂文、小说是也。其中学说、历史、公牍、典章、杂文，又当区为各类。以此分析，则经典亦当散入各科。如《周易》者，占繇科也。如《诗》者，赋颂科也。如《尚书》者，历史科之纪传类、纪事本末类，公牍之诏诰类、奏议类、告示类也。如《周礼》者，典章科之官礼类也。如《仪礼》者，典章科之仪注类也（《乐经》已亡，无由判别）。如《礼记》者，典章科之仪注类（《曲礼》《内则》《投壶》《公冠》诸篇皆是）、书志类（《祭法》《明堂》《月令》诸篇皆是）、学说科之诸子类（《中庸》《礼运》《礼器》《三朝记》诸篇皆是）、疏证类（《昏义》《冠义》《乡饮酒义》诸篇皆是）、历史科之纪传类（如《五帝德篇》是）也。《春秋》者，历史科之编年类。《世本》则表谱科，《国语》则历史科之国别史类。二《传》，则学说科之疏证类也。《论语》《孝经》者，学说科之诸子类也。《尔雅》《说文》者，学说科之疏证类也。至于正史，一书之中，分科各异。如纪传，则历史科之纪传类也；书志，则典章科之书志类也；年表人表，则表谱科也；若百官公卿表，则又典章科之官礼类也；宰相世系表，则又历史科之姓氏书类也。于书志中有《艺文》《经籍》等志，则又历史科之目录类也。文人所作总集、别集之属，大抵多在杂文科中。而碑志，则历史科之款识类。传状，则历史科之行状类、别传类也。若翰苑集，则公牍科之奏议类也。若《顺宗实录》，则历史科之纪传类也（近世奏议、实录，皆不入集，则别集中无此二类矣）。凡自成一家之书，名为诸子，然《别录》《七略》，兵书、方技、数术，皆为独立，不入诸子略中。晋荀勖《簿录》中经分为四部，而兵书、数术，遂与诸子合符。梁阮孝绪作《七录》，子、兵为一，而技术复在其外。《隋·经籍志》，始以兵家、天文家、历数家、五行家、医方家尽入诸子。自今以后，科学渐兴，则诸子所包，其数将不可计。儒家、道家，同为哲学。墨家、阴阳家，同为宗教，似亦不须分立矣。此与历史、公牍、典章、小说诸科皆相涉入，惟于杂文则远耳。其次或自成一家，或依附旧籍，而皆以实事求是为归者，则通名为疏证。上自经说，下至近世之札记，此皆疏证类也。其最古者，若《尚书》有《大誓故》（见《周语》），《管子》有《形势解》《立政九败解》《版法解》《明法解》，《韩非》有《解老》《喻老》，此亦疏证类也。而近人别集，如戴震、钱大昕、段玉裁、阮元辈，其间杂文甚少，而关于考证者多，是亦疏证类。此类与历史、公牍、典章、杂文、小说诸科，则皆相涉入者也。其有商度文史，自成一家者，名曰平议，若荀勖之《杂撰文章家集叙》、挚虞之《文章志》、傅亮之《续文章志》，《隋书》皆列入史部簿录篇中，皆为近似。而后人则于别集、总集之外，又立一文史类，搜集此种，录入其中，则名实相去远矣。今之史评，若《史通》是也。今之文评，若《文心雕龙》是也。其关于款识者，若《金石要例》是也。其关于古今体诗者，若《诗品》是也。其通评文史者，若《文史通义》是也。此则与无句读文、有句读文，皆相涉入者也。

既知文有无句读、有句读之分，而后文学之归趣可得言矣。无句读者，纯得文称，文字之不共性也。有句读者，文而兼得辞称，文字、语言之共性也。论文学者，虽多就共性言，而必以不共性为其素质。故凡有句读文，以典章为最善，而学说科之疏证类，亦往往附居其列。文皆质实，而远浮华，辞尚直截，而无蕴藉。此于无句读文最为邻近。魏、晋以后，珍说丛兴，文渐离质，作史者能为纪传，而不能为表谱、书志。今观陈寿之《三国志》、范晔之《后汉书》、姚思廉之《梁书》《陈书》、令狐德棻之《周书》、李百药之《北齐书》、李延寿之《南史》《北史》，惟存纪传，而表志绝焉（惟沈约《宋书》、萧子显《齐书》、魏收《魏书》有志。若《续汉书》之志，则司马彪作，非范晔所能作也。《隋书》成于官撰，纪传与志，分任纂修，盖作纪传者，亦不能作志也。《晋书》亦官撰，故得有志）。江淹所以叹作史之难，莫难于作志也。中唐以后，三《传》束阁，降及北宋，论锋横起，好为浮荡恣肆之辞，不惟其实，故疏证之学渐疏。刘攽、刘奉世、洪适、洪迈、娄机、吴曾、王应麟之徒，虽能考证丛残，持之有故，言之不能成理。属文者，便于荒陋，反以疏证为支离，此文辞所以日趋浮伪。是故，作史不能成书志，属文不能兼疏证，则文字之不其性，自是亡矣。虽然，既已谓之文辞，则书志必不容与表谱、簿录同其繁碎，疏证必不容与表谱、簿录同其冗杂。故书志之要，必在训辞翔雅，若《汉志》《隋志》《通典》之文，则得矣；宋、元、明志，《通考》《续通考》辈，非其任也。疏证之要，必在条列分明，若江永、戴震、段玉裁、王引之、金榜、黄以周之文，则得矣；余萧客、王昶、洪亮吉辈，非其任也。以典章科之书志，学说科之疏证，施之于一切文辞，除小说外，凡叙事者，尚其直叙，不尚其比况。若云"血流标杵"，或云"积戈甲与熊耳山齐"，其文虽工，而为倜规改错矣。凡议论者，尚其明示，而不尚其代名，若云"颜渊虽笃学，附骥尾而行益显"，或云"足历王庭，垂饵虎口"，其文虽工，而为雕刻曼辞矣。乃若叠韵、双声、连字、连义，用为形容者，惟于韵文为宜，无韵之文，亦非所适。所以者何？韵文以声调节奏为本，故形容不患其多。如顾宁人《日知录》云：

> 诗用叠字最难。《卫诗》："河水洋洋，北流活活；施罛濊濊，
> 鳣鲔发发；葭菼揭揭，庶姜孽孽。"连用六叠字，可谓复而不厌，
> 啧而不乱矣。《古诗》："青青河畔草，郁郁园中柳；盈盈楼上女，
> 皎皎当窗牖；娥娥红粉妆，纤纤出素手。"连用六叠字，亦极自
> 然，下此即无人可继。屈原《九章·悲回风》："纷容容之无经
> 兮，罔芒芒之无纪；轧洋洋之无从兮，驰逶移之焉止；漂翻翻其
> 上下兮，翼遥遥其左右；泛滫滫其前后兮，伴张弛之信期。"连
> 用六叠字。宋玉《九辩》："乘精气之搏搏兮，骛诸神之湛湛；骖
> 白霓之习习兮，历群灵之丰丰；左朱雀之茇茇兮，右苍龙之跃
> 跃；属雷师之阗阗兮，通飞廉之衙衙；前轻辌之锵锵兮，后辎乘
> 之从从；载云旗之委蛇兮，扈屯骑之容容。"连用十一叠字，后
> 人辞赋，亦罕有能及之者。

此则韵文贵在形容之证也。无韵之文，便与此异。前世作者，用
之符命，是为合格。其他诸篇，倘见则可，过多则不适矣。相如、子
云，湛深于古文奇字，《移檄》《解嘲》之属，用此亦多。后人当师其
奇字，不当师其形容语也（此如商、周誓诰，只容古人为之，后生不
得模仿）。乃如旧地称官，皆从时制，虽当异族秉政，而亦无可诡更，
所谓名从主人也。近世为文例者，只以此为金石刻画之程式，其实杂
文亦尔。特历史、公牍诸科，需此尤切尔。夫解文者，以典章、学说
之法，施之历史、公牍，复以施之杂文，此所以安置妥帖也。不解文
者，以小说之法施之杂文，复以施之历史、公牍，此所以觖觖不安
也。或曰，子前言一切文辞，体裁各异，故其工拙亦因之而异，今乃
欲以书志、疏证之法，施之于一切文辞，不自相刺谬耶？答曰：前者

所说，以工拙言也，今者所说，以雅俗言也。工拙者，系乎才调，雅俗者，存乎轨则。轨则之不知，虽有才调而无足贵。是故俗而工者，无宁雅而拙也。雅有消极、积极之分。消极之雅，清而无物，欧、曾、方、姚之文是也。积极之雅，闳而能肆，扬、班、张、韩之文是也。虽然，俗而工者，无宁雅而拙。故方、姚之才虽驽，犹足以傲今人也。吾观日本之论文者，多以兴会神味为主，曾不论其雅俗。或其取法泰西，上追希腊，以"美"之一字，横梗结噎于胸中，故其说若是耶？彼论欧洲之文，则自可尔，而复持此以论汉文，吾汉人之不知文者，又取其言以相矜式，则未知汉文之所以为汉文也。日本人所读汉籍，仅中唐以后之书耳。魏、晋、盛唐之遗文，已多废阁，至于周、秦、两汉，则称道者绝少。虽或略观大意，训诂文义，一切未知，由其不通小学耳。夫中唐文人，惟韩、柳、皇甫、独孤、吕、李诸公为胜。自宋以后，文学日衰，以至今日。彼方取其最衰之文，比较综合，以为文章之极致，是乌足以为法乎！或曰：子之持论，似明世七子所说，专以唐为封域，而蔑视宋后诸公，宁非一偏之论耶？答曰：七子之弊，不在宗唐而祧宋也，亦不在效法秦、汉也，在其不解文义，而以吞剥为能，不辨雅俗，而以工拙为准。吾则不然，先求训诂，句分字析，而后敢造词也；先辨体裁，引绳切墨，而后敢放言也。此所以异于明之七子也。或曰：子谓不辨雅俗，则工拙可以不论。前者已云，以便俗致用为要者，公牍是也。彼公牍者，复何雅之足言乎？答曰：所谓雅者，谓其文能合格。公牍既以便俗，则上准格令，下适时语，无屈奇之称号，无表象之言词，斯为雅矣。《汉书·艺文志》曰："《书》者，古之号令，号令于众，其言不立具，则听受施行者弗晓。古文读应尔雅，故解古今语而可知也。"是则古之公牍，以用古语为雅，今之公牍，以用今语为雅。或用军门、观察、守令、丞倅，以代本名，斯所谓屈奇之称号也。或言水落石出、剜肉补疮，以代本义，斯所谓表象之言词也。其余批判之文，多用四六。昔在宋世，已有《龙筋凤髓》之书。近世宰官，相率崇效，以文掩事，猥渎万端。此弊不除，此公牍所以不雅也。公牍之文与所谓高文典册者，其积极之雅不同，其消极之雅则一，要在质直而已。安有所谓便俗致用者，即无雅之可言乎？非独公牍然也，小说之文，与他文稍异矣，然亦有其雅者。《史记·滑稽传》《汉书·东方朔传》，此皆小说所本。而《汉书·艺文志》之称小说，则云"街谈巷语道听途说者所造"，是所谓"询于刍荛"者也。故如邯郸淳之《笑林》，刘义庆之《世说》，皆当时实事也。其有意构造者，则如《汉志》所载小说诸家，多兼黄老，而其后亦兼神鬼。若《搜神记》《幽明录》者，非小说之正宗矣，然犹以谲怪恢奇相尚。虽云致远恐泥，而无淫污流漫之文，是在小说，犹不失为雅也。自明以来，文人夸毗，惟怀婚姻，自诩风流，廉耻道丧，于是有《秘辛杂事》《飞燕外传》诸作。浸淫至今，而其流不可遏矣。反古复始，故亦有其雅者。近世小说，其为街谈巷语，若《水浒传》《儒林外史》；其为神怪幽秘，若《阅微草堂》五种，此皆无害为雅者。若以古艳相矜，以明媚自喜，则无不沦入恶道。故知小说自有雅俗，非有俗无雅也。公牍、小说，尚可言雅，况典章、学说、历史、杂文乎！若不知世有无句读文，则必不知文之贵者在乎书志、疏证。若不知书志、疏证之法，可施于一切文辞，则必以因物骋辞，情灵无拥，为文辞之根极。宕而失原，惟知工拙，不知雅俗，此文辞所以日弊也。

　　日本武岛氏《修辞学》云："凡备体制者，皆得称文章。然凡称文章者，不必皆备体制。无味之谈论，干枯之记事，非不自成一体，其实文字之胪列，记号之集合也，未可云备体制之文章也。"此说不然。图画有图画之体制，非善准望、审明暗者勿能为。表谱有表谱之体制，非知统系、明纲目者勿能为。簿录有簿录之体制，非识品性、审去取者勿能为。算草有算草之体制，非知记号、通章数者勿能为。此皆各有其学，故亦各有其体。乃至单篇札记，无不皆然。其意既尽，而文独不尽，则当刊落盈辞，无取虚存间架。若夫前有虚冒，后有结尾，起伏照应，惟恐不周，此自苏轼、吕祖谦辈教人策锋之法，以此谓之体制，吾未见其为体制也。善夫，章氏《文史通义》之言曰："塾师之讲时文，必有法度，以合程式，而法度难以空言，则往往取譬以示蒙学。拟于房室，则有所谓间架结构；拟于身体，则有所谓眉目筋节；拟于绘画，则有所谓点睛添毫；拟于形家，则有所谓来龙结穴。此为初学示法，无庸责也。惟时文结习，深锢肠腑，进窥一切古书古文，皆此时文见解，则如用象棋枰，布围棋子，必不合矣。"日本人未习时文，乃其所言亦有类是，则以眼界所及，多属宋文。而苏轼、吕祖谦辈，实为时文之祖，故所言亦适相符合。不知文有有句读、无句读之分，就有句读文中，亦尚有近于无句读文者，而必执一体制以概凡百之体制，悲夫！井鱼不可与语海者，拘于墟也；夏虫不可与语冰者，笃于时也。

（载《国学讲习会略说》，一九〇六年九月日本秀光社印行。）

文章流别

（一九三二年十月在苏州中学演讲）

向来论文，有《文心雕龙》一类的书，今天，可以不必依照他们去讲。

大概最初的文章，都是有韵的。譬如《尧典》之类，叙事也须用韵，后来渐渐变为散文。春秋以前，完全叙事还叙不来。《尚书》叙事，一篇中偶有一二段，完全叙事的，很少很少。把《尚书》和汉碑相比，觉得很是相像。就《尧典》而论，语不质直，都是概括的称赞，和汉碑很相像。汉碑的体例，一件事状之后，总是加上几句考语，《尧典》也是如此。所以，最初的叙事是叙不来的。到了《春秋》，方才能够叙事。议论最初已有，《尚书·皋陶谟》便是。古人喜欢用韵，从《皋陶谟》到商、周《诰》《誓》，还不大有韵。《春秋》《国语》中的议论，语带骈俪。到了汉朝，竟有用韵来做议论文的。大约叙事文在春秋时代方算成立，议论文在七国时代方算成立。汉朝议论文没有进步，反而退步。奏议擅长，议论文用韵，便不擅长。此后魏、晋之间，论比汉好。名理精微的地方，汉人不及魏、晋。所以清谈虽然有弊，从名理之文内容精深一点上看来，未始没有益处。

叙事议论之外，还有一种文章，一般人不大留意。这种文章，不是叙事，也不是论议，是一种排比铺张的文章。《禹贡》不能算做叙事文；《周礼》每一官下，有许多的排比铺张，这一种，只可叫做

"数典"。寻常文章，不外乎叙事议论，至于数典一类，寻常人不大会做，史中的志，便是属于这一类的。

无韵的文章是一类，有韵的文章又是一类。有韵的文章，在古人只有诗。由诗生赋，以及箴、铭、哀、诔等等。箴向来便有韵，铭却未必有韵，这都是在诗的范围以外的，总之，都是韵文。我想无韵的可以分为三种：一叙事，二议论，三数典。有韵的可以分为诗、箴、铭、诔等等。列举项目，不胜其繁，任昉《文章缘起》分做八十多类，我以为不必如此的繁。

文章的体裁，大概如此。现在再讲一讲文章的刚柔强弱，和国势民情的关系。

一代有一代的文章，当时看了很好，过后或许不以为然。周以前材料缺乏，好坏无从评起。就周朝一代而论，周文经过三变，周初，口说的议论少，只有《周礼》一部，完全是数典的文章，到了《春秋》，三种都很像样。关于国势，春秋是微弱不振的时代，所以文章和平而带有柔性。战国时代的文章，便变为刚性了。从战国到秦代，刚性更加厉害，每篇文章，都是虚字少而语句斩截。汉文比秦文稍觉宽和，但是气魄洪大，总是带有刚性。东汉还是如此，到了三国，渐渐由刚变柔，曹操、诸葛亮的文章，还是带有刚性。他们语句不多，篇幅短小。后来中国衰弱，局势分碎，晋文便变为柔性。假如借日人"壮美""优美"的话来讲，从战国到三国，是壮美的，晋代便是优美的了。国势如此，文章亦然。南朝富有柔性，北朝似乎两样一些，但刚性仍少。一直到了唐朝，才由柔性变为刚性。这种情形，并非起于韩昌黎，昌黎以前的骈体，已是具有刚性的了。燕、许大手笔，即可作为证据。当时国势强盛，所以文章都是佶屈聱牙，直至韩、柳，总是如此。当时昌黎以为好的文章，别人没有称之为坏的。譬如李观、樊宗师一流，文章都是佶屈聱牙，唐人都是以为好的。昌黎以下，有皇甫湜、孙樵，都是如此。气魄当然昌黎最大，后来的人，都及不上他，但是都带刚性，这是同一的。经过五代破碎的局面，到了宋代，国势仍旧衰弱。柳开、王禹偁，才力薄弱，算不来好的作家。和欧阳修同时做文章的，有尹师鲁（洙），他比柳开要略胜一筹，他和苏舜钦、宋祁，都带一些刚气。苏舜钦的境遇，和柳柳州相近，文亦近柳。宋祁是学昌黎的，所以亦带一些刚气。然而这三人的文章，宋人并不喜欢。所以，欧阳修的文章得到通行，他们三人却不通行了。欧和尹、苏，恰巧立于反对地位。欧文纯是优美的偏于柔性，曾巩、苏轼，十分刚气的文章都没有，宋朝的国势，和晋朝相差不远，所以文章都是柔性，所可分别的，不过晋含骈，宋少骈而已。宋人喜欢委宛，不喜欢倔强，和唐文截然不同。后人称唐、宋八家，实则宋的六家，和韩、柳截然不同，所同者，在不做骈体罢了。当时欧阳修反对太学生刘辉，因为刘辉的文章中有"天地黬，万物轧，圣人茁"等生硬的句子，所以深恶痛绝。这种文章假如叫宋祁或韩愈去看，他们一定称赞。假如樊宗师生在宋朝，欧阳修定要痛骂。唐人以为韩愈的文章好，略带一些柔性，便不喜欢。陆宣公的文章，委宛详尽，受后代人的称赞，但是和唐人是不相宜的，所以当时没有称赞他的。反而言之，当然尹、苏的文章，宋人要不喜欢了。国势强，文气便刚，一般人也喜欢刚强的文章；国势弱，文气便柔，一般人亦厌恶刚性的文章。明初文章，盛行一种老生常谈而又陈腐不堪的台阁体，由此一变而为李空同、何大复，他们诗好，文却不好。他们要想文学秦、汉，其实那里学得到。即使学得，也未免举鼎绝脰，面红耳赤，没有自然的态度。明七子的文章，便可以代表明朝的国势。明朝比汉朝比不来，比唐朝也比不来，比六朝、宋朝，却绰乎有余，对于属国，架子摆得很大。明朝以前，无论那一朝，没有故为尊严，摆出大架子的。举一个例来说，譬如朝鲜、安南，明朝的天使到时，不肯走进他们的城门，必定要架了天桥，从天上下来，表示上国的威风。对于南洋小国，架子更大，小国对于明朝，又有"代身金人"的崇奉。明朝强迫满人自称"奴才"，对待南洋小国，亦是如此。明朝的架子，比较汉、唐，真是大了好几倍，但是，实力不如。明七子的文章，亦是如此，架子虽大，实力不充，这是他们根本的弊病。这种文章，行了一百多年，当时以为不差，过后便不甚注意了。归震川的文章，和明朝没有关系，却开了清朝一代的风气。清朝国势很强，但是，这不是汉人的势力，所以汉人的文章没有刚性。魏叔子是明朝的遗民，他的文章带有刚性，清朝人却不喜欢，说他不甚干净。其实汉人愿意为奴，所以喜欢柔性，魏叔子不然，所以人家不喜欢。曾涤生出来，文即两样。奴虽仍旧是奴，正如《史记》所说的"桀骜奴"，奴的力量几乎可以压倒主人，他的文章便带刚性。其余"桐城""阳湖"，都是柔性的。以此可见文章的忽而重柔，忽而重刚，完全关于当时的国势，关于一己的能力，从春秋到现在，一些也没有例外的。至于批评的时美时恶，也如衣服之时髦与否一样，或大或小，或长或短，随着当时的眼光而定，理由是说不出来的。清朝自从曾涤生以后，文章虽然仍带柔性，但是，吴挚甫之流，即稍有刚性了。当时满人势力渐衰，汉人渐渐强盛，所以比较方望溪、姚姬传便有刚气，文章因乎国势民情，真是一毫不爽的。至于骈文散文，只是表面上的分别，和刚柔不相干。唐人散文刚，骈文亦刚。宋人散文柔，四六文更柔。所以，骈、散之

章太炎手录曹操诗

分，只是表面，和刚柔是不相干的。

近来讲文学的人很少，骈、散之争亦没有。在清朝末年，这是很利害的一番争论。阮芸台以为骈文是文章的正宗，矫向来重散不重骈之弊。其实这是无理取闹，不足深论的。我们须得知道，骈文、散文，有不能相符之处，譬如数典都是俪语，不是俪语，便看不清楚，这是文章上不得不然之势；至于直叙，断乎无须俪语，譬如《春秋》《仪礼》，断乎不能用骈文来做。阮芸台不懂这层道理，单说骈文是正宗，抬出孔子来压服人家，以为孔子作《文言》，文是骈体，所以必须骈体方得算文，其实这是压不来的，何以孔子作《春秋》，一句也不用骈语呢？他不知道相宜不相宜，所以如此胡说。《易经》虽非数典，但是阴阳相对，吉凶相对，正和非正相对，所以可用骈语。譬如我们有两只眼睛，两个耳朵，同时还有一个鼻子，一张嘴巴，我们究竟把那一件叫做正宗呢？骈文的开端，要算《周礼》，《文言》是骈，《老子》之类，有时也有骈语，但这种只可叫做俪语，到底不能叫做骈体。有人说邹阳《上梁王书》是骈体，其实还不是骈体，直到《圣主得贤臣颂》才可以算真的骈体。四六文到庾子山、徐孝穆才渐渐开端。以前虽然有一两句，只是偶然的逢着，不是有意的去做，孔融《荐祢衡表》，"钧天广乐，必有奇丽之观；帝室皇居，必畜非常之宝"，这两句真是四六。假如《后汉书》不载此文，后人必定疑为伪造。这种体裁，当时并不通行。到齐、梁之间，才渐渐发展成熟，所以四六的成立，总要推徐、庾二家。后来继承的人，是晚唐的李义山，燕、许还不是四六，宋人便都走这一条路了。清末争论的人，着眼于骈散之分，四六却不在其内，不知道骈和四六，亦是两样。唐人如韩昌黎不做骈文，柳柳州却很有骈文。又如吕温（化光），他的骈文，和晋人相近，当时柳柳州、刘梦得都很称赞。韩、柳和宋人所共同反对的，不是骈体，实是四六，所以我们不得不把骈和四六划清界限。姚惜抱和李申耆是师生，他们却起了一番重大的争执。姚选《古文辞类纂》，李选《骈体文钞》和他反对。在实际上，他们各有不能成立之处，既云古文，便须都选古文；唐人古文已是很少，到了归震川，何尝可以称为古文？所以，我以为姚惜抱的《古文辞类纂》，叫做"散文辞类纂"则可，叫做"古文辞类纂"则不可。试问刘海峰的文章，有什么古呢？李选《骈体文钞》，竭力推尊骈体，把贾谊《过秦论》、太史公《报任少卿书》，都算骈文；《文选》中的文章，亦选了许多；徐、庾、温、邢，亦统统选入。试问徐、庾一派，渐渐走入四六一路的，和贾生、史公气味如何合得上？所以事实上不免叫做"四六文钞"。姚选前一段好，唐以前是古文，唐以后是散文，明以后到刘海峰，简直算不得文章。李选亦然，梁以前是骈体，梁以后只好叫做四六。他们各有拖泥带水之处，自然各不相服。假如截去下段，两方便无可非议了。《说文》引"蘽一茎六穗于庖，牺双觡共觓之兽"，小徐《说文系传》驳他说："属对精切，始自陈、隋。"可见梁以前骈体还是散漫，不像后来四六的精研。这便是骈和四六之分，小徐很能知道，不知李申耆何以不知！以前的骈文，似对非对，譬如《易经·文言》："君子体仁足以长人，嘉会足以合礼，利物足以和义，贞固足以干事。""体仁"与"利物"、"嘉会"与"贞固"，并非动字对动字、名字对名字，不过语句整齐而已，何尝字字相对？直到齐、梁还是如此，宋人欧、曾、苏、王，亦是如此。但是，迷信四六的人，便不是如此了，譬如王子安《滕王阁序》"落霞与孤鹜齐飞，秋水共长天一色"，并非如宋人四六，天文对天文，植物对植物。叶大庆《考古质疑》却以为"落霞"是虫名，所以可对"孤鹜"。迷信四六，便有这样的妄论。流弊及于说经，高邮王氏说"终南何有？有条有梅；终南何有？有纪有堂"，以为"堂"须对"梅"，当是"棠"字，这和"落霞"虫名的话，不是差不多吗？所以，把宋人的四六文、清人的试帖诗，强以衡断古人，这是不对的事。不懂古今文章变迁大势，便有这样的弊病。其实骈和四六，散和古文，都有界限。归、方、刘三家不能称为古文，正如现在报章体散文不能称为古文。诸君须知，宋以后的四六，不能称骈文；近来的报章体，不能称为古文，所谓界限者，即在于此。

（由诸祖耿记录，载《苏中校刊》第六十九期，一九三二年十一月上出版。）

文学略说

（一九三六年）

文学分三项论之：一论著作之文与独行之文有别；二论骈体、散体各有所施，不可是丹非素；三论周秦以来文章之盛衰。

一、著作之文与独行之文

著作之文云者，一书首尾各篇，互有关系者也；独行之文云者，一书每篇各自独立，不生关系者也。准是论之，则《周易》《春秋》《周官》《仪礼》、诸子，著作之文也。《仪礼》虽分十七篇，而互有关系。《诗》《书》，独行之文也。孔子删《诗》，如后世之总集，惟商初、周初诸篇偶有关系，然各篇不相接者多，与《春秋》编年者异撰，或同时并列三篇，或旷数百年而仅存一篇。自尧至秦，一千七百年中，《商书》残缺，《夏书》则于后羿寒浞之事，一无纪载。盖《书》本各人各作，不相系联。孔子删而集之，亦犹夫《诗》矣。后人文集，多独行之文，惟正史为著作之文耳。以故著作之文，以史类为主；而周末诸子，说理者为后起，老、墨、庄、申、韩、孟、荀是也。惟《吕览》是独行之文编集而为著作者也。著作之盛，周末为最。顾独在诸子，史部不能与抗。至汉，太史公继《春秋》而作，史部始盛。此后子书，西汉有陆贾《新语》、真伪不可知。贾谊《新书》、董仲舒《春秋繁露》、后归入人经部。桓宽《盐铁论》、集当时郡国贤良商论盐铁榷酤事。杨雄《法言》，东汉有王充《论衡》、王符《潜夫论》、仲长统《昌言》、全书不可见。荀悦《申鉴》、徐幹《中论》。持较周、秦诸子，说理固不逮，文笔亦渐逊矣。然魏文帝论文，不数宴游之作，而独称徐幹为不朽者，盖犹视著作之文尊于独行者也。

著作之文，本有史部、子部二类。王充谓："司马子长累积篇第，文以万数，然而因成纪前，无胸中之造。杨子云作《太玄经》，造于助思，极宵冥之深，非庶几之才，不能成也。"《论衡·超奇篇》。此为抑扬泰过。《史记》虽袭前文，其为去取，亦甚难矣。充又数称桓君山，谓"说论之徒，君山为甲"。今桓谭书不可见，惟《群书治要》略载数篇，亦无甚高深处。而充称为素丞相者，盖王、桓气味相投，能破坏不能建立，此即丘光庭《兼明书》之发端也。东汉人皆信阴阳五行，王充独破之，故蔡中郎得其书，秘之帐中。中郎长于碑版，能为独行之文，而不能著作者。至于三国，《典论》全书不可见。刘劭《人物志》论官人之法，行文精炼，汉人所不能为，《隋志》入之名家，以其书品评人物，综覈名实，于名家为近也。其论英雄，谓"张良英而不雄，韩信雄而不英。体分不同，以多为目，故英雄异名，皆偏至之材，人臣之任也。故英可为相，雄可为将。若一人之身兼有英、雄，则能长世，高祖、项羽是也。然英之分以多于雄，而英不可以少也。英分少则智者去之，故项羽气力盖世，明能合变，而不能听采奇异，有一范增不用，是以陈平之徒，皆亡归高祖。英分多故群雄服之，英材归之，两得其用，故能吞秦破楚，宅有天下。然则英雄多少，能自胜之数也。徒英而不雄，则雄才不服也；徒雄而不英，则智者不归也。故雄能得雄，不能得英；英能得英，不能得雄。故一人之身兼有英雄，乃能役英与雄，能役英与雄，故能成大业也。"语似突梯，而颇合当时情理。晋世重清谈，宜多著作之文，然而无有者，盖清谈务简，异于论哲学也。乐广擅清言，而不著书。《世说新语》云："客问乐令旨不至者，乐亦不复剖析文句，直以麈尾柄确几曰：'至不？'客曰：'至。'乐因又举麈尾曰：'若至者，那得去？'于是客乃悟服。广辞约而旨达皆此类。"故无长篇大论。其时子书有《抱朴子》等，《抱朴子》外篇论儒术，内篇论炼丹。颜之推讥之，以为"魏晋以来，所著诸子，理重事复，递相模敩，犹屋下架屋，床上施床尔"。《颜氏家训》言处世之方，不及高深之理。精于小学，故有《音辞篇》；信奉释氏，故有《归心篇》。其书与今敦煌石室所出《太公家教》类似。之推文学之士，多学问语。太公不知何人，或为隋、唐间老农，学问有深浅，故文笔异雅俗耳。李习之谓《太公家教》与《文中子》为一类，不知《文中子》夸饰礼乐，而《家教》则否，余故谓是家训之类也。唐人子部绝少。后理学家用禅宗语录体著书，亦入子部，其文字鄙俚，故顾亭林讥之曰："夫子之文章，不可得而闻矣。"

史部之书，范晔《后汉书》、陈寿《三国志》皆一手所作。《宋书》《齐书》《梁书》《陈书》亦然。《隋书》魏徵等撰，本纪、列传出颜师古、孔颖达手，自来经学家作史惟孔颖达一人。《天文》《律历》《五行》三志出李淳风手。《新唐书》宋祁撰列传，欧阳修撰志，虽出两人，文笔不甚相远。《晋书》出多人之手。《旧唐书》号称刘昫撰，昫实总裁而已。《旧五代史》薛居正撰，恐亦非一人之作。欧阳修《新五代史》，固出一手，然见闻不广，遗漏泰多。辽、金、元三史皆杂凑而成，惟《东都事略》乃王偁一人之作。《明史》本万斯同所作，但有列传，无本纪、表、志。余弟子朱逖先在北京购得稿本，体裁工整，而纸色如新，未敢决然置信，然文笔简炼，殆非季野不能为。王鸿绪《横云山人明史稿》，纪、表、志、传具备，而删去万历以后列传。乾隆时重修《明史》，则又出多人之手矣。编年史如《汉纪》《后汉纪》《十六国春秋》，皆一手所作。《十六国春秋》真伪不可知。《通鉴》一书，周、秦、两汉为刘奉世所纂，六朝为刘恕所纂，隋、唐为范祖禹所纂，虽出众手，而温公自加刊正，"臣光曰"云云，皆温公自撰，亦可称一手所成者也。大氐事出一手者为著作之文，史部、子部应分言之。反之则非著作之文。宋人称《新五代史》可方驾《史记》，《史记》安可几及？以后世史部独修者少，故特重视之耳。

《左》《国》《史》《汉》中之奏议、书札，皆独行之文也。西汉以前，文集未著，《楚辞》一类，为辞章之总集。汉人独行之文，皆有为而作，或为奏议，或为书札，鲜有以论为名者。其析理论事，仅延笃《仁孝先后论》一篇耳，其文能分析而未臻玄妙，徒以《解嘲》《非有先生论》之属皆是设论，非论之正，故不得不以延笃之论为论之首也。魏、晋、六朝，崇尚清谈。裴𬱖《崇有》，范缜《神灭》，斯为杰构。清谈者宗师老子，以无为贵，故裴𬱖作论以破其说。《宏明集》所收，多扬玄虚之旨。范缜远承公孟，太史公云学者多言无鬼神。近宗阮瞻，昌论无鬼。谓形之于神，犹刀之于利，未闻刀去而利存，安有人亡而神在？是仍以清谈破佛法也。此种析理精微之作，唐以后不可见。近世曾涤笙言古文之法，"无施不可，独短于说理"。方望溪有文以载道之言，曾氏作此说，是所见过望溪已。夫著作之文，原可以说理。古人之书，《庄子》奇诡，《孟》《荀》平易，皆能说理。《韩非·解老》《喻老》，说理亦未尝不明。降格以求，犹有《崇有》《神灭》之作，何尝短于说理哉？后人为文，不由此道，故不能说理耳。然而宗派不同，门户各别，彼所谓古文，非吾所谓古文也。彼所谓古文者，上攀秦、汉，下法唐、宋，中间不取魏、晋、六朝。秦、汉高文，本非说理之作，相如、子云，一代宗工，皆不能说理。韩、柳为文，虽云根柢经子，实则但摹相如、子云。持韩较柳，柳犹可以说理，韩尤非其伦矣。柳遭废黜，不能著成一书，年为之限，深可惜也。盖理有事理、名理之别。事理之文，唐、宋人尚能命笔。名理之文，惟晚周与六朝人能为之。古文家既不敢上规周、秦，又不愿下取六朝，宜其不能说理矣。要之文各有体。法律条文，自古至今，其体不变。《汉律》《唐律》，如出一辙。算术说解，自《九章》而下，亦别自成派。良以非此文体，无以说明其理故也。律、算如此，事理、名理亦然。上之周、秦诸子，下之魏、晋、六朝，舍此文体不用，而求析理之精、论事之辨，固已难矣。然则古人之文，各类齐备，后世所学，仅取一端。是故，非古文之法独短于说理，乃唐宋八家下逮归、方之作，独短于说理耳。

史部之文，班、马最卓。后世学步，无人能及。传之与碑，文体收殊。传纯叙事，碑兼文质。而宋人造碑，宛如列传。昌黎以二千余字作《董晋行状》，其他碑志，不及千字。宋人所作神道墓志，渐有长者。子由作《东坡墓志》，字近七千，而散漫冗碎，不能收束。晦庵作《韩魏公志》，文成四万，亦不能收束。持较《史》《汉》千余字之《李斯列传》，七八千字之《项羽本纪》，皆收束得住者，不可同年而语矣。后人无作长篇之力量，则不能不学韩、柳短篇，以求收束得住，所谓起伏照应之法，凡为作长篇不易收束而设也。此法宋人犹罕言，明人乃常言尔。是故即论单篇独行之作，亦古今人不相及矣。

后世史须官修，不许私撰。学成班、马，技等屠龙。惟子书无妨私作，然自宋至今，载笔之士，率留意独行之文，不尚著作。理学之士，创为语录，有意子部，而文采不足。余皆单篇孤行，未有巨制，岂不以屠龙之技为不足学耶？今吴江有宝带桥，绵亘半里，列洞七十，传为胡元时造；福建泉州有万安桥，长及二里，传为蔡襄所造。此皆绝技，后人更无传者。何者？师不以传之弟子，弟子亦不愿受之于师，以学而无所可用也。著作之文，每下愈况，亦犹此矣。

二、 骈文、散文各有体要

骈文、散文，各有短长。言宜单者，不能使之偶；语合偶者，不能使之单。《周礼》《仪礼》，同出周公，而《周礼》为偶，《仪礼》则单。盖设官分职，种别类殊，不偶则头绪不清；入门上阶，一人所独，为偶则语必冗繁。又《文言》《春秋》，同出孔子，《文言》为偶，《春秋》则单。以阴阳刚柔，非偶不行；年经月纬，非单莫属也。同是一人之作，而不同若此，则所谓辞尚体要矣。

骈、散之分，实始于唐，古无是也。晋、宋两代，骈已盛行，然属对自然，不尚工切。晋人作文，好为迅速。《兰亭序》醉后之作，文不加点，即其例也。《昭明文选》，则以沉思翰藻为主；《兰亭》速

《兰亭序》被誉为"天下第一行书"，是晋代大书法家王羲之的杰作，为历代书法家所推崇

成，乖于沉思，文采不艳，又异翰藻，是故屏而弗录。然魏、晋佳论，譬如渊海，华美精辨，各自擅场。但取华美，而弃精辨，一偏之见，岂为允当？顾《文选》所收对偶之文，犹未极其工切也。

降及隋、唐，镂金错采，清顺之气，于焉衰歇。所以然者，北人南学，如温子昇辈是。得其皮毛，循流忘返，以至斯极。于是初唐四杰廓清之功，不可没也。颜师古作《等慈寺塔记铭》，有意为文即不能工。杨盈川作《王子安文集序》，以为当时之文皆糅之金玉龙凤，乱之青黄朱紫，子安始革此弊。降及中叶，李义山始专力于对仗，为宋人四六之先导。王子安"落霞"、"孤鹜"二语，本写当时眼前景物，而宋人横谓"落霞"飞蛾之号，以对"孤鹜"，乃为甚工。宋人笔记中多此语。其可笑有如此者。骈文本非宋人所工，徒以当时表、奏皆用四六，故上下风行耳。欧阳永叔以四六得第，虽宗韩、柳，不非骈体。永叔举进士试《左氏失之诬论》有"石言于晋，神降于莘，内蛇斗而外蛇伤，新鬼大而故鬼小"。语颇以自矜。东坡虽亦作四六，而常讥骈体。平心论之，宋人四六实有可议处也。清乾隆时，作骈体者规摹燕、许，斐然可观。李申耆选《骈体文钞》，申耆，姚姬传之弟子，肄业钟山书院，反对师说乃作是书。取《过秦论》《报任少卿书》，一切以为骈体，则何以异于桐城耶？阮芸台妄谓古人有文有辞，辞即散体，文即骈体，举孔子《文言》以证文必骈体，不悟《系辞》称辞，亦骈体也。刘申叔文本不工，而雅信阮说。余弟子黄季刚初亦以阮说为是，在北京时，与桐城姚仲实争，姚自倚老耄，不肯置辩，或语季刚，诃斥桐城，非姚所惧，诋以末流，自然心服。其后白话盛行，两派之争，泯于无形。由今观之，骈、散二者，本难偏废。头绪纷繁者，当用骈；叙事者，止宜用散；议论者，骈、散各有所宜。不知当时何以各执一偏，如此其固也。

邹阳，纵横家也，观其上书，《邹阳》七篇，《汉志》入纵横家。《史记》邹阳与鲁仲连同传。周、孔之作不论，论汉人之作，相如、子云之文非有为而作，故特数邹阳。行文以骈。而文气之盛，异于后之四六。是故谓骈体气弱，未为笃论。宋子京《笔记》谓作史不应有骈语。刘子玄亦云：史文用骈，似箫笛杂鼛鼓，脂粉饰壮士。此谓叙事不宜用骈也。不仅宋子京、刘子玄知此，六朝人作史，亦无用骈语者。唐诏令皆用骈体，而欧阳永叔撰《新唐书》，一切削去，此则泰过。夫诏令以骈而不可录，罪人供状，词旨鄙俚，莫此为甚，何为而可录耶？后人不愿为散体者，谓散体短于说理，不知《崇有》《神灭》之作，亦匪易为。若夫桐城派导源震川，尧峰亦然。阳湖略变其法，而大旨则同。震川之文，好摇曳生姿，一言可了者，故作冗长之语。曾涤笙讥之曰："神乎味乎？徒辞费耳。"此谓震川未脱八股气息也。至于散之讥骈，谓近俳优，此亦未当。玉溪而后，雕缋满眼，弊固然矣。若《文选》所录，固无襞积拥肿之病也。今以口说衡之，历举数事，不得不骈；单述一理，非散不可。二者并用，乃达神恉。以故骈、散之争，实属无谓。若立意为骈，或有心作散，比于削趾适屦，可无须尔。

骈、散合一之说，汪容甫倡之，李申耆和之。然晋人为文，如天马行空，绝无依傍，随笔写去，使人难分段落。今观容甫之文，句句锻炼，何尝有天马行空之致？容甫讥诃望溪，而湘绮并诮汪、方。湘绮之文，才高于汪，取法魏、晋，兼宗两汉。盖深知明七子之弊，专学西汉，有所不逮，但取晋、宋，又不甘心，故其文上取东汉，下取魏、晋，而自成湘绮之文也。若论骈、散合一，汪、李尚非其至，湘绮乃成就耳。然湘绮列传、碑版，摹拟《史记》，袭其成语，往往有失检之处。如《邹汉勋传》云："如邹汉勋者，又何以称焉？"此袭用

《史记·伯夷列传》语而有误也。夫许由、卞随、务光之事，太史疑其非实，故作此问。若邹汉勋者，又何疑焉？

三、 周、秦以来文章之盛衰

论历代文学，当自周始。孔子曰："郁郁乎文哉，吾从周。"周初之文，厥维经典，不能论其优劣。春秋而后，始有优劣可言。春秋时文体未备，综其所作，记事叙言多，而单论说少。七国时文体完具，但无碑版一体。钟鼎虽与碑版相近，然其文不可索解。故正式碑版，断自秦后起也。任昉《文章缘起》，其书真伪不可知，所论亦未可信据。概而论之，文章大体备于七国，若其细碎，则在六朝。六朝之后，亦有新体，如墓志，本为不许立碑者设。后世碑与墓志并用，其在六朝，墓志不为正式文章也。又如寿序，宋以前犹未著。然论文学之盛衰，固不拘于文体之损益。

自唐以来，论文皆以气为主，气之盛衰，不可强为。大氐见理深，感情重，自然气盛。周、秦之作，未有不深于理者，故篇篇有气。论感情，亦古人重于后人。《颜氏家训》谓："别易会难，古人所重，江南饯送，下泣言离。"梁武帝送弟王子侯出为东郡，云："我年已老，与汝分张，甚以恻怆。"数行泪下。非独爱别离如此，即杯酒失意，白刃相雠，亦惟深于感情者为然。何者？爱深者恨亦深，二者成正比例也。今以《诗经》观之，好贤如《缁衣》，恶恶如《巷伯》，皆可谓甚矣。至于《楚辞·离骚》之忠怨，《国殇》之严杀，皆各尽其致。汉人叙战争者，如《项羽本纪》《李陵列传》，有如目睹，非徒其事迹之奇也，乃其文亦极描写之能事矣。此在后世文人为之，虽有意描写，亦不能几及。何也？其情不至也。大氐抒情之作，往往宜于小说。然自唐以降，小说家但能叙鬼怪，而不能叙战争攻杀。此由实情所无，想像亦有所不逮。惟有男女之情，今古不变，后世小说，类能道之。然人之爱情，岂仅限于男女？君臣、父子、兄弟、朋友无不有爱情焉。而后世小说之能事，则尽于述男女而已。

汉人之文，后世以为高，然说理之作实寡。魏、晋渐有说理之作，但不能上比周、秦。今人真欲上拟周、秦、两汉，恐贻举鼎绝膑之诮。明七子李空同辈，高谈秦、汉，其实邯郸学步耳。后七子如李沧溟文，非其至者，而诗尚佳；王凤洲文胜于沧溟，颇能叙战争及奇

武梁祠画像。 武梁祠，即武梁祠堂，或曰武梁石室。 武梁，字绥宗，官从事(刺史佐吏)，生于东汉章帝建初三年（78 年），卒于桓帝元嘉元年（151年），终年 73 岁

伟之迹，此亦由于情感激发尔。如杨椒山之事，人人愤慨，故凤洲所作行状，有声有色。顾持较《史》《汉》，犹不能及。以《史》《汉》文出无心，凤洲则有意摹拟，着力与不着力，自有间也。

抒情说理之作如此，其非抒情亦非说理如《七发》之类者亦然。《七发》亦赋类。《七发》气势浩汗，无堆垛之迹。拟作《七启》《七命》，即大有径庭。相如、子云之赋，往往用同偏傍数字堆垛以成一句，然堆垛而不觉其重。何也？有气行乎其间，自然骨力开张也。降及东汉，气骨即有不逮。然《两都》《两京》，以及《三都》，犹粗具规模，后此则无能为之者矣。此类文字不关情之深理之邃。以余度之，殆与体气有关。汉人之强健，恐什佰于今人，故其词气之盛，亦非后世所及。今人发古墓，往往见古人尸骨大于今人，此一证也。武梁祠画像，其面貌虽不可细辨，然鼻准隆起，有如犹太、回回人，此又一证也。汉世尚武之风未替，文人为将帅者，往往而有。又汉行征兵制，而其时歌谣，无道行军之苦者。唐代即不然，杜诗《兵车行》《石壕吏》之属可征也。由此可见唐人之体气，已不逮汉人，此又一证也。以汉人坚强好勇，故发为文章，举重若轻，任意堆垛，而不见堆垛之迹，此真古今人不相及矣。不特文章为然，见于道德者亦然。道德非尽出于礼，亦生于情，情即有关于体气。体气强，则情重，德行则厚；体气弱，情亦薄，德行亦衰。孔子曰："仁者必有勇。"知无勇不能行仁也。《吕氏春秋·慎大览》称孔子之劲，举国门之关，而不肯以力闻。《史记·仲尼弟子传》云：子路性鄙，少孔子九岁，好勇力，志伉直，冠雄鸡，佩豭豚，陵暴孔子。孔子设礼诱之，乃儒服委质，因门人请为弟子。今观孝堂山石刻子路像，奋袖抽剑，雄鸡之冠，与《史记》所言符合。知孔子之服子路，非仅用礼，亦能以力胜矣。后世理学家不取粗暴之徒，殆亦为无孔子之力故耳。澹台灭明之斩蛟，亦好勇之征也。夫并生一时代者，体格之殊，当不甚远。孔子、墨子，时代相接，孔子之勇如此，则墨子之以自苦为极，若救宋之役，百舍重茧而不息，亦可信矣。自两汉以迄六朝，文气日以衰微者，其故可思也。《世说新语》记王子猷、子敬，俱坐一室，上忽发火，子猷遽走避，不遑取屐，子敬神色恬然，徐唤左右，扶凭而出，不异平常。尔时膏粱子弟，染于游惰如此，体气之弱可知矣。有唐国势，虽不逮两汉，犹胜于六朝。故燕、许大手笔，文虽骈体，气骨特健，自此一变而为韩、柳之散文。宋代尚文，讳言武事，欧、曾、王、苏之作，气骨已劣于韩、柳。余常谓文不论骈、散，要以气骨为主。曾涤笙倡阴阳刚柔之说，合于东人所谓壮美优美者。以历代之作程之：周、秦、两汉之文刚，魏、晋、南朝之文柔。唐代武功犹著，故其文虽不及两汉，犹有两汉遗风。宋代国势已弱，故欧、苏、曾、王之文，近于六朝。南宋及元，中国既微，文不成文。洪武肇兴，驱逐胡虏，国势虽不如汉、唐，优于赵宋实远。其异于汉、唐者，汉、唐自然盛强，明则有勉强之处耳。明人鉴于宋人外交之卑屈，故特自尊大。凡外夷入贡，表章须一律写华文；朝鲜、安南文化之国，许其称臣；南洋小国及满洲之属，则降而称奴。天使册封，不可径入其国城，须特建天桥，逾城而入；贡使之入中国者，官秩虽高，见典史不可不用手本，不可不称大人。外夷称中国曰天朝者，即始于此。诸如此类，即可见明代国势之盛，出于勉强。国势如此，国人体气恐亦类此。其见于文事者，台阁体不足为代表，归震川闲情冷韵之作，亦不足为代表。所可代表者，为前后七子之作。彼等强学秦、汉，力不足以赴之，譬如举鼎绝膑，不自觉其面红耳赤也。归震川生长昆山，王凤洲生长太仓，籍贯同隶苏州，而气味差池。震川与凤洲争名，二人皆自谓学司马子长，然凤洲专取《史记》描摹之笔及浓重之处，震川则以为《史记》佳处在闲情冷韵。盖苏州人好作冷语，震川之文，苏州人之文也。震川殆自知秦、汉不易学，而又不甘自谓不逮秦、汉，故专摹《史记》之冷语欤？由此遂启桐城派之先河。桐城派不皆效法震川，顾其主平淡不主浓重则同。姚姬传学问之博，胜于方望溪，而文之气魄则更小，谋篇过六七百字者甚罕。梅伯言修饰更精，而气体尤不逮矣。曾涤笙学梅伯言而以为未足，颇有粗枝大叶之作，气体近于阳刚。此其故亦关于国势体力。清初国势之盛，乃满洲之盛，非汉族之盛，汉人慑伏于满洲淫威之下，绿营兵丁大氐羸劣，营汛武职官俸薄，①往往出为贾竖，自谋生活，其权力犹不如今之警察，故汉人皆以当兵为耻。夫不习戎事，则体力弱，及其为文，自然疲苶矣。曾涤笙自办团练，以平洪、杨之乱，国势既变，湘军亦俨然一世之雄，故其文风骨遒上，得阳刚之气为多。虽继起无人，然并世有王湘绮，亦可云近于阳刚矣。湘绮与涤笙路径不同，涤笙自桐城入，而不为八家所囿；湘绮虽不明言依附七子，其路径实与七子相同，其所为诗，宛然七子作也。惟明人见小欲速，文章之士，不讲其他学问。昌黎云：作文宜略识字，七子不能，故虽高谈秦、汉，终不能逮。湘绮可谓识字者矣，故其文优于七子也。由上所论，历代文章之盛衰，本之国势及风俗，其彰彰可见者也。

文之变迁，不必依骈、散为论，然综观尚武之世作者多散文，尚文之世作者多骈文。秦、汉尚武，故为散文，骈句罕见。东汉崇儒

---

① "汛"，原作"泛"。

术，渐有骈句。魏、晋、南朝，纯乎尚文，故骈俪盛行。唐代尚武，散体复兴。唐人散体非始于韩、柳，韩、柳之前有独孤及、梁肃、萧颖士、元结辈，其文渐趣于散，惟魄力不厚。至昌黎乃渐厚耳。譬之山岭脉络，来自独孤、萧、梁，至韩、柳乃结成高峰也。宋不尚武，故其文通行四六。作散文者，仅欧、曾、王、苏数人而已。姚姬传云：论文章虽朱子亦未为是。大氐南宋之文为后世场屋之祖。吕东莱、陈止斋、叶水心学问虽胜，文则不工。东莱《博议》纯乎场屋之文。陈止斋、叶水心之作，当时所谓对策八面锋，亦仅可应试而已。余波及于明、清，桐城一派，上接秦、汉下承韩、柳固不足，以继北宋之轨则有余，胜于南宋之作远矣。

唐、宋以来之散文，导源于独孤及、萧颖士辈，是固然矣。然其前犹可推溯，人皆不措意耳。《文中子》书，虽不可信，要不失为初唐人手笔，其书述其季弟王绩，字无功，号东皋子。作《五斗先生传》，见《事君》篇。其文今不可见，以意度之，殆拟陶渊明之《五柳先生传》。其可见者，《醉乡记》《负苓者传》，皆散漫而不用力，于陶氏为近，不可不推为唐代散文之发端。又马、周所作章奏，摹拟贾太傅《治安策》，于散体中为有骨力。唐人视周为策士一流，不与文学之士同科，实亦散文之滥觞也。大凡文品与当时国势不符者，文虽工而人不之重。燕、许庙堂之文，当时重之，而陆宣公论事明白之作，见重于后世者，当时反不推崇。萧颖士之文，平易自然。元结始为谲怪，独孤及、梁肃变其本而加之厉。至昌黎始明言词必己出，凡古人已用之语，必屏弃不取，而别铸新词。昌黎然，柳州亦然，皇甫湜、孙樵无不皆然。风气既成，宜乎宣公奏议之不见崇矣。然造词之风，实非始于昌黎。《唐阙史》云："左将军吐突承璀，昌黎同时人。方承恩顾，及将败之岁，有妖生所居。先是，承璀尝华一室，红梁粉壁，为谨诏敕藏机务之所。一日，晨启其户，有毛生地，高二尺许，承璀大恶之，且恐事泄，乃躬执箕帚，芟除以瘗。虽防口甚固，而叠叠有知者。承璀尤不欲达于班列。一日，命其甥尝所亲附者曰：'姑为我微行省闼之间，伺其丛谈，有言者否。'甥禀教敛躬而往。至省寺，即词诘守卫，辄不许进。方出安上门，逢二秀士，自贡院回，笑相谓曰：'东广坤毳，可以为异矣！'甥驰告曰：'醋大知之久矣，原注：中官谓南班，无贵贱皆呼醋大。且易其名呼矣。'谓左军为'东广'，地毛为'坤毳'矣。"易左军、地毛曰东广、坤毳，则与称龙门曰"虬户"无异，以言者之无碍，闻者之立悟。知唐人好以僻字易常名，乃其素习。故樊宗师作《绛守居园池记》，而昌黎称为文从字顺也。今观其文，代东方以"丙"，西方以"庚"，亦"东广"、"坤毳"之类。昌黎称之者，以其语语生涩，合于己意也。盖造词为当时风尚，而昌黎则其杰出者耳。

欧阳永叔号称宗师韩、柳，其实与韩、柳异辙，惟以不重四六为学韩、柳耳。永叔题《绛守居园池记》，诋诃樊氏，不遗余力，可知其与昌黎异趣矣。宋子京与永叔同时，皆以学昌黎为名，而子京喜造词，今《新唐书》在，人以涩体称之，可证也。夫自作单篇，未尝不可造词，作史则不当专务生造。子京之文，有盛名于时，及永叔之文行，趋之者皆崇自然，于是子京之文不复见称道。故知文品不合于时代，虽工亦不行也。

唐末迄于五代，文之衰弊已极。北宋初年，柳河东（开）、穆伯长（修）稍为杰出。河东文实不工，伯长才力薄弱，而故为佶屈聱牙。于时王禹偁所作，实较柳、穆为胜，惟才力亦薄弱耳。禹偁激赏丁谓、孙何，《宋史·丁谓传》云："谓与何同袖文谒禹偁，禹偁重之，以为自唐韩愈、柳宗元后，三百年始有此作。"二人之文，今不可见。穆伯长弟子尹师鲁（洙）文颇可观，苏子美（舜钦）亦佳。师鲁之文，永叔所自出，惟师鲁简炼，永叔摇曳为异。永叔之文，震川一派所自昉也。苏子美仕不得志，颇效柳州之所为，永叔亟称之。此二家较柳、穆、王三家为胜。又永叔同时有刘原父（敞）才力宏大，司马温公文亦醇美。今人率称唐宋八家，以余论之，唐、宋不止八家。唐有萧颖士、独孤及、梁肃、韩愈、柳宗元、李翱六家，皇甫湜、孙樵不足数。宋则尹洙、苏舜钦、刘敞、宋祁、司马光、欧阳修、曾巩、王安石、苏洵父子合十一家。柳、穆、王不必取苏门，如秦观之《淮海集》，苏过之《斜川集》，文非不佳，惟不出东坡之窠臼故不取。元结瑰怪，杜牧粗豪，亦不取。合之可称唐宋十七家。茅鹿门之所以定为八家者，盖韩、柳以前之作，存者无多。宋初人文亦寡，六家之文，于八股为近。韩、柳名高，不得不取，故遂定为八家耳。

权德舆年辈高于昌黎，文亦不恶，惟少林下风度耳。明台阁体即自此出。杜牧之文为侯朝宗、魏叔子所自出，惟粗豪泰过耳。近桐城、阳湖二派，拈雅健二字以为论文之准。然则权德舆雅而不健，杜牧之健而不雅。雅健并行，二家所短。若依此选文，唐可八家，合权、杜数之。宋可十六家，合柳、穆、王、秦、苏过数之。允为文章楷则矣。雅健者，文章入门之要诀，不仅散文须雅健，骈文亦须雅健，派别可以不论。乾嘉间朱竹君（筠）《笥河文集》，行于北方，其文亦雅而不健，似台阁一路。姚姬传笑之，以为笥河一生为文学宋景濂，永远是门外汉。是故，雅而不健，不可；健而不雅，亦不可。明于雅健二字，或为独行之文，或为著作之文，各视其人之力以为趣舍，庶乎可以言文。

继此复须讨论者，文章之分类是也。《文心雕龙》分为十九类，《古文辞类纂》则为十三类。今依陆士衡《文赋》为说，取其简要也。

自古惟能文之士为能论文，否则皮傅之语，必无是处。士衡《文赋》，区分十类，虽有不足，然语语确切，可作准绳。其言曰："诗缘情而绮靡，赋体物而浏亮，碑披文以相质，诔缠绵而凄怆，铭博约而温润，箴顿挫而清壮，颂优游以彬蔚，论精微而朗畅，奏平彻以闲雅，说炜晔而谲诳。"十类以外，传、状、序、记，士衡所未齿列。今案：家传一项，晋人所作，有《李郃传》《管辂传》，全文今不可见。就唐人所引观之，大氐散漫，无密栗之致。行状一项，《文选》录任彦昇《竟陵文宣王行状》一篇，体裁与后世所作不类。原行状之体，本与传同，而当时所作，文多质少，语率含浑。行状上之尚书，考功司据以拟谥，李翱以为今之行状，文过其质，不可为据，始变文为质，不加藻饰。游记一项，古人视同小说，不以入文苑。东汉初，马第伯作《封禅仪记》，偶然乘兴之笔。后则游记渐挚，士衡时尚无是也。序录一项，古人皆自著书而自为序。刘向为各家之书作序，此乃在官之作。后世为私家著述作序者，古人无是也。此四项，士衡所不论，今就士衡所赋者论之。

诗、赋：士衡"缘情"、"体物"二语，实作诗造赋之要。赋本古诗之流，七国时始为别子之祖。至汉，《子虚》《上林》篇幅扩大，而《古诗十九首》仍为短章。盖体物者，铺陈其事，不厌周详，故曰浏亮。缘情者，咏歌依违，不可直言，故曰绮靡。赋亦有缘情之作，如班孟坚之《幽通》、张平子之《思玄》、王仲宣之《登楼》，皆偶一为之，非赋之正体也。

碑、诔：古人刻石，不以碑名。秦皇刻石峄山、泰山、琅琊、芝罘、碣石、会稽诸处，皆直称刻石，不称碑。庙之有碑，本以丽牲。墓之有碑，本以下棺。作碑文者，东汉始盛。今汉碑存者百余通，皆属文言。往往世系之下，缀以考语，所治何学，又加考语，每历一

秦琅琊台刻石

官，辄加考语，无直叙其事者。故曰"披文以相质"也。不若是，将与行状、家传无别。魏、晋不许立碑；北朝碑文，体制近于汉碑；中唐以前之碑，体制亦未变也。独孤及、梁肃始为散文，然犹不直叙也。韩昌黎作《南海神庙碑》，纯依汉碑之体，作《曹成王碑》，用字瑰奇，以此作碑则可，作传即不可。桐城诸贤不知此，以昌黎之碑为独创，不知本袭旧例也。昌黎犹知文体，宋以后渐不然。宋人作碑，一如家传，惟首尾异耳。此实非碑之正体。观夫蔡中郎为人作碑，一人作二三篇，以其本是文言，故属辞可以变化。若为质言，岂有一人之事迹，可作二三篇述之耶？至汉碑有称"诔曰"者，知碑与诔本不必分，然大体亦有区别。碑虽主于文饰，仍以事实为重；诔则但须缠绵凄怆而已。后世作诔者少，潘安仁《马汧督诔》，乃是披文相质之作。碑与诔故是同类，后世祭文，则与诔同源。

铭、箴：碑亦有铭。此所谓铭，则器物之铭也。崔子玉座右铭，多作格言，乃《太公家教》之类，取其义，不取其文耳。张孟阳《剑阁铭》云："敢告梁益。"是箴体也。所谓博约温润者，语不宜太繁，又不宜太露。然则《剑阁铭》是铭之正轨也。箴之由来已久。官箴王阙，本以刺上，后世作箴，皆依《虞箴》为法。杨子云、崔亭伯官箴州箴，合四十余篇。所与铭异者，有顿挫之句，以直言为极，故曰"顿挫而清壮"也。张茂先《女史箴》，笔路渐异，尚能合法。至昌黎五箴，则失其步趋者也。

颂、论：三颂而外，秦碑亦颂之类也。刻石颂德，斯之谓颂矣。惟占代之颂，用之祭祀。生人作颂，始于秦碑。及后汉人作碑亦称颂曰是也。柳子厚作《平淮西碑》，其实颂也。颂与碑后世不甚分耳，要以优游炳蔚为贵。论者评议臧否之作，人之思想，愈演愈深，非论不足以发表其思想，故贵乎精微朗畅也。士衡拟《过秦》作《辩亡论》，议封建作《五等论》，二者皆论政之文，故为粗枝大叶，而非论之正体。论之正体，当以诸子为法，论名理不论事理，乃为精微朗畅者矣。庄、荀之论，无一不合精微朗畅之旨。韩非亦有之，但不称论耳。论事之作不以为正体，王褒《四子讲德论》，作于汉代，周、秦无有也。《文选》录王褒《四子讲德论》，论事本非正体，当为士衡所不数。盖周、秦而后，六朝清谈佛法诸论，合乎正轨。《崇有论》反对清谈，《神灭论》反对佛法，此亦非精微朗畅不能取胜。此种论唐以后人不能作。盖唐以后人只能论事理，不能论名理矣。刘梦得、柳子厚作《天论》，似乎精细，要未臻精微朗畅之地。宋儒有精微之理，而作文不能朗畅，故流为语录。

奏、说：七国时游说，多取口说而鲜上书，上书即奏也。纵横家之作，大氐放恣，苏秦、范雎是矣，即李斯《谏逐客》亦然。自汉人乃变为平彻闲雅之作，以天下统一，纵横之风替矣。平则易解，雅则可登于庙堂。此种体式，自汉至唐不变。至明人奏议，辄以痛骂为能事，故焦里堂谓温柔敦厚之教，至明人而尽。如杨椒山劾严嵩曰"贼嵩"，虽出忠愤，甚非法式。又如刘良佐、刘泽清称福王拘囚太子，是无父子，不纳童氏，是无夫妇。又如万历时御史献酒、色、财、气四箴，此皆乖于进言之道。自唐以来，奏议以陆宣公为最善，既平彻，又闲雅，可谓正体。所不足者，微嫌繁冗耳。唐人好文，三四千言之奏，人主犹能遍览，若在后世，正恐无暇及此。曾涤笙自谓学陆宣公，今观其文，类于八股，平固有之，雅则未能。甲午战后，王湘绮尝代李少荃奏事，多引《诗》《书》，摹拟汉作，雅固有余，平则不足。于是知平彻闲雅之难也。说者，古人多为口说，原非命笔为文。《文心雕龙》讥评士衡，谓："自非谲敌，则惟忠与信，披肝胆以献主，飞文敏以济辞，此说之本也。"不悟七国游士，纵横捭阖，肆口陈言，取快一时，确有炜晔谲诳之观，然其说必与事实相符，乃得见听。苏秦之合从，非易事也，而六国之君听之者，固以其口辩捷给，亦为有其实学耳。《国策》言苏子去秦而归，揣摩太公阴符之谋，然后出说人主。由今观之，苏子亦不徒恃阴谋，盖明于地理耳。七国时地图难得，惟涉路远者，知舆地大势。荀子游于列国，故《议兵篇》所言地理不误。自余若孟子之贤，犹不知淮泗之不入江。《孟子》："决汝汉，排淮泗，而注之江。"不知淮泗不入江也。汉兴，萧何入关，收秦图籍，故能知天下形势。否则高祖起自草莽，何由知之？惟苏秦居洛阳，必尝见地图，故每述一国境界，悉中事情，然后言其财赋之多寡，兵力之强弱，元元本本，了然无遗。其说赵肃侯也，谓"臣请以天下之地图按之"。夫以草泽匹夫，而深知国情如此，宜乎六国之君不敢不服其说矣。后世口说渐少，惟战争时或有之。留侯之借箸，武侯之求救于孙权，皆所谓谲诳者。后杜牧之作《燕将录》，载诨忠为燕牧刘济使说魏牧田季安，又元和十四年说刘济子忠，皆慷慨立谈，类于苏秦。颇疑牧之所文饰，非当时实事。昌黎作《董晋行状》，述晋对李怀光语，亦口若悬河，晋服官无闻，此亦疑昌黎所文饰也。然则苏秦而后，口说可信者，惟留侯、诸葛二事。要皆炜晔谲诳，不尽出于忠信，以此知士衡之说为不可易也。

综上所论，知士衡所举十条，语语谛当，可作准绳。至其所未及者：祭文准诔；传状准史；今人如欲作传，不必他求，只依《史》《汉》可矣。行状与传大体相同，惟首尾为异。且行状所以议谥，明以来议谥不据行状，则行状无所用之，不作可也。序记之属，古人所轻。官修书库，序录提要，盖非一人所能为。若私家著述，于古只有自序，他人作之，亦当提挈纲领，不可徒为肤泛。记惟游记可作，《水经注》，马第伯《封禅仪记》，皆足取法。宋人游记叙山水者，多就琐碎之处着笔，而不言大势，实无足取。余谓《文赋》十类之外，补此数条已足。姚氏《古文辞类纂》分十三类，大旨不谬。然所见甚近，以唐、宋直接周、秦诸子、《史》《汉》，置东汉、六朝于不论，一若文至西汉，即斩焉中绝。昌黎之出，真似石破天惊也者。天下安有是事耶！桐城派所说源流不明，不知昌黎亦有师承。余所论者，似较姚氏为明白。

（由王乘六、诸祖耿记录，载《章氏国学讲习会讲演记录》第九期，章氏国学讲习会一九三六年二月印行。）

与人论文书

　　来书疑仆持论褒大先梁，而捐置徐、庾以下。又称中唐韩、吕、刘、柳诸家，次及宋世宋祁、司马光等，然上不取季唐，下不与吴、蜀六士。谓欧阳、曾、王、苏。若两取容于姚、李二流者。仆闻之：修辞立其诚也，自诸辞赋以外，华而近组则灭质，辩而妄断则失情。远于立诚之齐者，斯皆下情所欲弃捐，固不在奇耦数。徒论辞气，太上则雅，其次犹贵俗耳。俗者，谓土地所生习，《地官·大司徒注》。婚姻丧纪，旧所行也，《天官·太宰注》。非猥鄙之谓。孙卿云："有雅儒者，有俗儒者。"李斯云："随俗雅化。"夫以俗为缦白，雅乃继起，以施章采，故文质不相畔。世有辞言袭常，而不善故训，不綦文理，不致隆高者。然亦自有友纪，窥儌侧媚之辞，薄之则必在绳之外矣。是能俗者也。先梁杂记则随俗，而善文尽雅。陈已稍替，及南北混合，其质大涣。故有常语尽雅，毕才技以造瑰辞，犹几不及俗者。唐世颜师古、许敬宗之伦是也。致文则雅，燕间短语，有所记述题署，且下于俗数等。近世阮元、李兆洛之伦是也。且北朝更丧乱久，文章衰息，浸已绌于江左。魏收、邢子才刻意尚文，以任、沈为大师，终不近。会江左文体亦变，徐陵通聘，而王褒、庾信北陷。北人承其菫色，其质素丑，外自文以妖冶，貌益不衷。《传》曰："白而白，黑而黑，夫贲，有何好乎？"陵夷至于唐世，常文蒙杂，而短书媟慢。中间亦数改化，稍稍复古，以有韩、吕、刘、柳，自任虽夸，顾其意岂诚薄齐、梁耶？有所欲于徐、庾，而深悼北人之效法者，失其轶丽，而只党莽不就报章，欲因素功以为绚乎？自知虽规陆机，摹傅亮，终已不能得其什一，故便旋以趋彼耳。北方流势，本拥肿也，削而砻之，大分不出后汉，碑诔尤近。造辞窜句，犹兼晋、宋赋颂之流。宋世能似续者，其言稍约，亦独祁、光诸子。今夫韩、吕、刘、柳所为，自以为古文辞，纵材薄不能攀姬、汉，其愈隋、唐末流猥文固远。如《毛颖》《黔驴》诸篇，荒缪过甚。故是唐人小说之体，当分别观之。宋世吴、蜀六士，志不师古，乃自以当时决科献书之文为体，是岂可并哉？曩尝与足下言，仆重汪中，未尝薄姚鼐、张惠言。姚、张所法，上不过唐、宋，然视吴、蜀六士为谨。夸言稍少，此近代文所长。若恽敬之恣，龚自珍之儇，则不可同论。仆视此，虽不与宋祁、司马光等，要之，文能循俗，后生以是为法，犹有坛宇，不下堕于猥言酿辞，兹所以无废也。并世所见，王闿运能尽雅，其次吴汝纶以下，有桐城马其昶，为能尽俗。萧穆犹未能尽俗。下流所仰，乃在严复、林纾之徒。复辞虽饬，气体比于制举，若将所谓曳行作姿者也。纾视复又弥下，辞无涓选，精采杂污，而更浸润唐人小说之风。夫欲物其体势，视若蔽尘，笑若龋齿，行若曲肩，自以为妍，而只益其丑也。与蒲松龄相次，自饰其辞，而祗敬之曰：此真司马迁、班固之言！纾自云："日以《左》《国》《史》《汉》《庄》《骚》教人。"未知其所教者，何语也？以数公名最高，援以自重。然曩日金人瑞辈，亦非不举此自标。盖以猥俗评选之见，而论六艺诸子之文，听其发言，知其鄙倍矣。纾弟子记师言，援吴汝纶语以为重。汝纶既殁，其言有无不可知。观汝纶所为文辞，不应与纾同其缪妄，或由性不绝人，好为奖饰之言乎？若然者，既不能雅，又不能俗，则复不得比于吴、蜀六士矣。仆固不欲两取容于姚、李，而恶夫假托以相争者。杨子曰："见弓之张，弛而不失其良，曰檠之而已矣。"夫先梁与中唐者，势有张弛，岂其为良异哉？使奇耦之言，文章之议，日竞于世，失其所以檠，而诡雅异俗者据之，斯亦非足下之所惧耶？章炳麟白。

又小说者，列在九流十家，不可妄作。上者宋鈃著书，上说下教，其意犹与黄、老相似，晚世已失其守。其次曲道人物、风俗、学术、方技，史官所不能志，诸子所不能录者，比于拾遗，故可尚也。宋人笔记尚多如此，犹有江左遗意。其下或及神怪，时有目睹，不乃得之风听，而不刻意构画其事。其辞坦迤，淡乎若无味，恬然若无事者，《搜神记》《幽明录》之伦，亦以可贵。唐人始造意为巫蛊媟嬻之言，苻秦王嘉作《拾遗记》，已造其端，嘉本道士，不足论，唐时士人乃多为之。晚世宗之，亦自以小说名，固非其实。夫蒲松龄、林纾之书，得以小说署者，亦犹《大全》《讲义》诸书，傅于六艺儒家也。炳麟又白。

论　式

　　编竹以为简，有行列翩理，故曰仑。仑者，思也。《大雅》曰"于论鼓钟"，论官有司士之格，论囚有理官之法，莫不比方。其在文辞，《论语》而下，庄周有《齐物》，《齐物论》旧读皆谓齐物之论，物兼万物、物色、事物三义。王介甫始谓齐彼物论，盖欲以七篇题号相对，不可与道古。公孙龙有《坚白》《白马》，孙卿有《礼》《乐》，吕氏有《开春》以下六篇，前世箸论在诸子，未有率尔持辩者也。九流之言，拟仪以成变化者，皆论之俦。《别录》署《礼记》，亦有通论，不专以题名为质。其辞精微简练，本之名家，与纵横异轨。由汉以降，贾谊有《过秦》，在儒家。东方朔设《非有先生》之论，朔书二十篇，则于杂家箸录。及王褒为《四子讲德》，始别为辞人矣。

　　晚周之论，内发膏肓，外见文采，其语不可增损。汉世之论，自贾谊已繁穰，其次渐与辞赋同流。千言之论，略其意不过百名。杨子为《法言》，稍有裁制，以规《论语》，然儒术已勿能拟孟子、孙卿，而复忿疾名法。或问："公孙龙诡辞数万以为法，法与?"曰："断木为棋，挠革为鞠，亦皆有法焉。不合乎君子之道者，君子不法也"。《吾子》篇。或曰："刑名非道邪? 何自然也?"曰："何必刑名，围棋、击剑，反目眩形，亦皆自然也。由其大者，作正道。由其小者，作奸道。"《问道》篇。今以杨子所云云者，上拟龙、非，则跛鳖之与骐骥也。汉世独有《石渠议奏》，文质相称，语无旁溢，犹可为论宗。后汉诸子渐兴，讫魏初几百种，然其深达理要者，辨事不过《论衡》，议政不过《昌言》，方人不过《人物志》。此三家，差可以攀晚周，其余虽娴雅，悉腐谈也。

自《新语》《法言》《申鉴》《中论》，为辞不同，皆以庸言为故，岂夫可与酬酢，可与右神者乎？当魏之末世，晋之盛德，钟会、袁准、傅玄，皆有家言，时时见他书援引，视荀悦、徐幹则胜。此其故何也？老、庄、形名之学，逮魏复作，故其言不牵章句，单篇持论，亦优汉世。然则王弼《易例》，鲁胜《墨序》，裴颜《崇有》，性与天道，布在文章，贾、董卑卑，于是谢不敏焉。经术已不行于王路，丧祭尚在，冠昏朝觐，犹弗能替旧常，故议礼之文亦独至，陈寿、贺循、孙毓、范宣、范汪、蔡谟、徐野人、雷次宗者，盖二戴、闻人所不能上。施于政事，张裴《晋律》之序，裴秀地域之图，其辞往往陵轹二汉。由其法守，朝信道矣，工信度矣。及齐、梁，犹有继迹者，而严整差弗逮。夫持论之难，不在出入风议，臧否人群，独持理议礼为剧。出入风议，臧否人群，文士所优为也；持理议礼，非擅其学莫能至。

自唐以降，缀文者在彼不在此，观其流势，洋洋洒洒，即实不过数语。又其持论，不本名家。外方陷敌，内则亦以自偾。惟刘秩、沈既济、杜佑，差无盈辞。持理者独刘、柳论天为胜，其余并广居自恣之言也。宋又愈不及唐，济以哗讐。近世或欲上法六代，然上不窥六代学术之本，惟欲厉其末流，江统《徙戎》，陆机《辨亡》，干宝《晋纪》，以为骏极不可上矣。自余能事，尽于送往事居，不失倨侮。以甄名理，则僻违而无类；以议典宪，则支离而不驯。

余以为持诵《文选》，不如取《三国志》《晋书》《宋书》《弘明集》《通典》观之，纵不能上窥九流，犹胜于滑泽者。尝与人书道其利病，曰："文生于名，名生于形。形之所限者分，名之所稽者理，分理明察，谓之知文。小学既废，则单篇摭落，玄言日微，故俪语华靡，不溥其本，以之肇末，人自以为杨、刘，家相誉以潘、陆，何品藻之容易乎？仆以下姿，智小谋大，谓文学之业，穷于天监，简文变古，志在桑中，徐、庾承其流化，平典之风，于兹沫矣。燕、许有作，方欲上攀秦汉，逮及韩、吕、柳、权、独孤、皇甫诸家，劣能自振，议事确质，不能如两京；辩智宣朗，不能如魏晋。晚唐变以谲诡，两宋济以浮夸，斯皆不足邵也。将取千年朽蠹之余，反之正则，虽容甫、申耆，犹曰采浮华，弃忠信尔。皋文、涤生，尚有谖言，虑非修辞立诚之道。夫忽略名实，则不足以说典礼；浮辞未翦，则不足以穷远致。言能经国，诎于笾豆有司之守；德音孔胶，不达形骸智虑之表。故篇章无计簿之用，文辩非穷理之器。彼二短者，仆自以为绝焉。所以块居独处，不欲奇群彦之数者也。如向者一二耆秀，皆浮华交会之材，哗世取宠之士，嘘枯吹生之文，非所谓文质彬彬者也，故曰亡而为有，虚而为盈，约而为泰，难乎有恒矣。"以上与人书。或言今世慕古人文辞者，多论其世，唐宋不如六代，六代不如秦汉。今谓持论以魏晋为法，上遗秦汉，敢问所安？曰：夫言亦各有所当矣。秦世先有韩非、黄公之伦，持论信善。及始皇并六国，其道已隘，自尔及汉，记事韵文，后世莫与比隆，然非所于持论也。汉初儒者，与纵横相依，逆取则饰游谈，顺守则主常论。游谈恣肆而无法程，常论宽缓而无攻守。道家独主清静，求如韩非《解老》，已不可得，《淮南鸿烈》，又杂神仙辞赋之言。其后经师渐与阴阳家并，而论议益多牵制矣。汉论箸者，莫如《盐铁》，然观其驳议，御史大夫、丞相史言此，而文学、贤良言彼，不相剀切，有时牵引小事，攻劫无已，则论已离其宗，或有却击如骂，侮弄如嘲，故发言终日，而不得所凝止，其文虽博丽哉，以持论则不中矣。董仲舒《深察名号》篇，略本孙卿，为已条秩，然多傅以疑似之言。如言王有五科：皇科、方科、匡科、黄科、往科。君有五科：元科、原科、权科、温科、群科。虽以声训，傅会过当。惜乎刘歆《七略》，其六录于《汉志》，而《辑略》俄空焉。不然，歆之谨审权量，斯有伦有脊者也。今汉籍见存者，独有王充，不循俗迹，恨其文体散杂，非可讽诵。其次独有《昌言》而已。魏晋之文，大体皆埤于汉，独持论仿佛晚周，气体虽异，要其守己有度，伐人有序，和理在中，孚尹旁达，可以为百世师矣。然今世能者，多言规摹晋宋，惟汪中说《周官》《明堂》诸篇，类似礼家，阮元已不逮，至于甄辨性道，极论空有，概乎其未有闻焉。典礼之学，近世有余；名理之言，近世最短。以其短者施之论辩，徒为缴绕，无所取材，谦让不宣，固其慎也。长者亦不能自发舒，若凌廷堪《礼经释例》，可谓条理始终者，及为俪辞，文体卑近，无以自宣其学，斯岂非崇信文集，异视史书之过哉？

然今法六代者，下视唐宋；慕唐宋者，亦以六代为靡。夫李翱、韩愈，局促儒言之间，未能自遂。权德舆、吕温及宋司马光辈，略能推论成败而已。欧阳修、曾巩，好为大言，汗漫无以应敌，斯持论最短者也。若乃苏轼父子，则佞人之戈戈者。凡立论欲其本名家，不欲其本纵横。儒言不胜，而取给于气矜，游猭怒特，蹂稼践蔬，卒之数篇之中，自为错啎，古之人无有也。法晋宋者，知其病征，宜思有以相过，而专务温藉，词无芒刺，甲者讥乙，则曰郑声，乙者讥甲，又云常语。持论既莫之胜，何怪人之多言乎？夫雅而不核，近于诵数，汉人之短也；廉而不节，近于强钳，肆而不制，近于流荡，清而不根，近于草野，唐宋之过也。有其利无其病者，莫若魏晋。然则依放典礼，辩其然非，非涉猎书记所能也。循实责虚，本隐之显，非徒窜句游心于有无同异之间也。如王守仁《与罗钦顺书》云："格物者，格其心之物，格其意之物，格其知之物。正心者，正其物之心。诚意者，诚其物之意。致知者，致其物之知。"此种但是辞句缴绕，文义实不可通。后生有效此者，则终身为绝物矣。效唐宋之持论者，利其齿牙；效汉之持论者，多其记诵，斯已给矣；效魏晋之持论者，上不徒守文，下不可御人以口，必先豫之以学。

文章之部，行于当官者，其原各有所受。奏疏、议驳近论；诏册、表檄、弹文近诗。近论，故无取纷纭之辞；近诗，故好为扬厉之语。汉世作奏，莫善乎赵充国，探筹而数，辞无枝叶。晋世杜预议考课，刘毅议罢九品中正，范宁议土断，孔琳之议钱币，皆可谓综覈事情矣。然王充于汉独称谷永。谷永之奏，犹似质不及文，而独为后世宗，终之不离平彻者，近是。《典论》云"奏议宜雅，书论宜理"，亦得其辜较云。若夫诏书之作，自文景犹近质，武帝以后，时称《诗》《书》，润色鸿业，始为《诗》之流矣。武帝册三王，上拟《尚书》，至潘勖册魏公，为枚颐《尚书》本，晋以下代用其律，比于《崧高》《韩奕》，徒无韵耳。汉世表以陈情，与奏议异用，若《荐祢衡》《求自试》诸篇，文皆琛丽，炜晔可观，盖秦汉间上书，如李斯《谏逐客》、邹阳《狱中上梁孝王》已然。其后别名为表，至今尚辞，无取陈数，亦无韵之风也。弹文始不可见，任昉、沈约，诋人罪状，言在法外。盖自宋世荀伯子，善弹文，丑词巧诋，辱及祖祢，今虽不箸，明其为任、沈法。《诗》之恶恶，莫如《巷伯》，然犹戮及其身。今指斥及于腐骨，其疾恶甚于诗人矣。《文选》不录奏疏、议驳，徒有书表、弹文之流，为其文之箸也。檄之萌芽，在张仪檄楚相，徒述口语，不见缘饰。及陈琳、钟会以下，专为恣肆，颜竣檄元凶劭，其父延之览书而知作者，亦无韵之赋也。大抵近论者，取于名；近诗者，取于纵横。其当官奋笔一也，而风流所自有殊。览文者观于《文选》之有无，足以知其好尚异也。

辨　诗

　　《春官》："瞽矇，掌九德、六诗之歌。"然则《诗》非独六义也，犹有九歌。其隆也，官箴、占繇，皆诗，故《诗序》《庭燎》称箴，《沔水》称规，《鹤鸣》称诲，《祈父》称刺，明诗外无官箴，《辛甲》诸篇，悉在古诗三千之数矣。《诗赋略》录《隐书》十八篇，则东方、管辂射覆之辞所出。又《成相》《杂辞》者，徒役送杵，其句度长短不齐，亦悉入录。扬榷道之，有韵者皆为诗，其容至博。其杀也，孔子删《诗》，求合《韶》《武》，赋比兴不可歌，因以被简。其详在《六诗说》。屈原、孙卿诸家，为赋多名，孙卿以《赋》《成相》分二篇，题号已别，然《赋》篇复有《佹诗》一章，诗与赋未离也。汉惠帝命夏侯宽为乐府令，及武帝采诗夜诵，其辞大备。《七略》序赋为四家，其歌诗与之别。汉世所谓歌诗者，有声音曲折，可以弦歌，如《河南周歌声曲折》七篇、《周谣歌诗声曲折》七十五篇，是也。故《三侯》《天马》诸篇，大史公悉称诗，盖乐府外无称歌诗者。自韦孟《在邹》至《古诗十九首》以下，不知其为歌诗邪？将与赋合流同号也？要之，《七略》分诗赋者，本孔子删《诗》意，不歌而诵，故谓之赋；叶于箫管，故谓之诗。其他有韵诸文，汉世未具，亦容附于赋录。古者大司乐以乐语教国子，盖有韵之文多矣。有古为小名而今为大，有古为大名而今为小者。《周语》曰："公卿至列士献诗，瞽献曲，史献书，师箴，矇诵。"瞽、师、瞍矇皆掌声诗，即诗与箴一实也。故自《虞箴》既显，杨雄、崔骃、胡广为《官箴》，气体文旨，皆弗能与《虞箴》异，盖箴规诲刺者其义，诗为之名。后世特以箴为一种，与诗抗衡，此以小为大也。赋者，六义之一家。《毛诗传》曰："登高能赋，可以为大夫。"登高孰谓？谓坛堂之上，揖让之时。赋者孰谓？谓微言相感，歌诗必类。是故九能有赋无诗，明其互见。汉世赋为四种，而诗不过一家，此又以小为大也。诔文有韵者，古亦似附诗类，《汉北海相景君铭》"乃作诔曰"，后有"乱曰"，则诔亦是诗。铭者自名，器有题署，若士卒扬徽，死者题旌，下及楬木以记化居，落马以示毛物，悉铭之属。杨雄自言作《绣补》《灵节》《龙骨》之铭诗三章，又比诗类。今世专以金石韵文为铭，此以大为小也。九歌者，与六诗同列。水、火、金、木、土、谷谓之六府，正德、利用、厚生谓之三事。此则山川之颂，江海之赋，皆宜在九歌。后世既以题名为异，九歌独在屈赋，为之陪属，此又以大为小也。且文章流别，今世或繁于古，亦有古所恒睹，今隐没其名者。夫宫室新成则有发，见《檀弓》。丧纪祖载则有遣，《既夕礼》有读遣之文。告祀鬼神则有造，见《春官·大祝》。原本山川则有说，见《毛诗传》。斯皆古之德音，后生莫有继作，其题号亦因不著。《文章缘起》所列八十五种，至于今日，亦有废弛不举者。夫随事为名，则巧历或不能数，会其有极，则百名而一致者多矣。谓后世为序录者，当从《诗赋略》改题乐语，凡有韵者悉箸其中，庶几人识原流，名无棼乱者也。

论辩之辞，综持名理，久而愈出，不专以情文贵，后生或有陵轹古人者矣。韵语代益陵迟，今遂涂地，由其发扬意气，故感慨之士擅焉，聪明思慧，去之则弥远。《记》称"《诗》之失愚"，以为不愚固不能诗。夫致命遂志，与金鼓之节相依，是故史传所记，文辞陵厉，精爽不沫者，若荆轲、项羽、李陵、魏武、刘琨之伦，非奇材剑客，则命世之将帅也。由商周以迄六代，其民自贵，感物以形于声，余怒未渫，虽文儒弱妇，皆能自致。至于哀窈窕，思贤材，言辞温厚，而蹈厉之气存焉。及武节既衰，驰骋者至于绝膑，犹弗能企。故中国废兴之际，枢于中唐，诗赋亦由是不竞。五季以降，虽四言之铭，且拱手谢不敏，岂独采诗可以观政云尔！太史公曰："兵者，圣人所以讨强暴，平乱世，夷险阻，救危殆，自含血戴角之兽，见犯则校，而况于人？怀好恶喜怒之气，喜则爱心生，怒则毒螫加，情性之理也。故六律为万事根本，其于兵械尤重。"自中唐以降者，死声多矣，长子帅师、弟子舆尸相继也。今或欲为国歌，竟弗能就。抗而不坠，则暴慢之气从之矣；厖而无守，则鄙倍之辞就之矣。余以为古者礼乐未兴，则因袭前代。汉《郊祀歌》有《日出入》一章，其声熙熙，悲而不伤，词若游仙，乃足以作将帅之气，虽《云门》《大卷》弗过也。以是为国歌者，贤于自作远矣。

　　语曰："在心为志，发言为诗。"此则吟咏情性，古今所同，而声律调度异焉。魏文侯听今乐则不知倦，古乐则卧。故知数极而迁，虽才士弗能以为美。三百篇者，四言之至也。在汉独有韦孟，已稍淡泊，下逮魏氏，乐府独有《短歌》《善哉》诸行为激昂也。自王粲而降，作者抗志，欲返古初，其辞安雅，而惰弛无节者众，若束皙之《补亡》诗，视韦孟犹登天。嵇、应、潘、陆，亦以楛窳，"悠悠大上，民之厥初"，"于皇时晋，受命既固"，盖庸下无足观，非其材劣，固四言之势尽矣。汉世《郊祀》《房中》之乐，有三言、七言者，其辞闳丽诛荡，不本《雅》《颂》，而声气若与之呼召，其风独五言为善。古者学诗，有大司乐、瞽宗之化，在汉则主情性。往者，《大风》

之歌、《拔山》之曲，高祖、项王未尝习艺文也，然其言为文儒所不能举。苏、李之徒结发为诸吏骑士，未更讽诵，诗亦为天下宗。及陆机、鲍照、江淹之伦，拟以为式，终莫能至。由是言之，情性之用长，而问学之助薄也。风与雅、颂、赋所以异者，三义皆因缘经术，旁涉典记，故相如、子云小学之宗，以其绪余为赋。《郊祀歌》者，颂之流也。通一经之士，不能独知其辞，皆集会五经家相与共讲习之，《安世房中歌》，作于唐山夫人，而辞亦尔雅。独风有异，愤懑而不得舒，其辞从之，无取一通之书、数言之训。及其流风所扇，极乎王粲、曹植、阮籍、左思、刘琨、郭璞诸家，其气可以抗浮云，其诚可以比金石，终之上念国政，下悲小己，与十五《国风》同流。其时未有雅也，谢瞻承其末流，《张子房诗》本之，《王风》哀思，周道无章，浸淫及于大小《雅》矣。世言江左遗彦，好语玄虚，孙、许诸篇，传者已寡，陶潜皇皇，欲变其奏，其风力终不逮。玄言之杀，语及田舍。田舍之隆，旁及山川云物，则谢灵运为之主。然则风雅道变，而诗又几为赋。颜延之与谢灵运深浅有异，其归一也。自是至于沈约、丘迟，景物复穷。自梁简文帝初为新体，床第之言，扬于大庭，讫陈隋为俗。陈子昂、张九龄、李白之伦，又稍稍以建安为本。白亦下取谢氏，然终弗能远至，是时五言之势又尽。杜甫以下，辟旋以入七言。七言在周世，《大招》为其萌芽，汉则《柏梁》，刘向亦时为之，顾短促未能成体，而魏文帝为最工，唐世张之，以为新曲。自是五言遂无可观者，然七言在陈隋，气亦宣朗，不杂传记名物之言，唐世浸变旧贯，其势则不可久。哀思主文者，独杜甫为可与。韩愈、孟郊，盖《急就章》之别辞，元稹、白居易，则日者瞽师之诵也。自尔千年，七言之数以万，其可讽诵者几何？重以近体昌狂，篇句填委，凌杂史传，不本情性，盖"诗赋者，所以颂善丑之德，泄哀乐之情也。故温雅以广文，兴谕以尽意"。晚世赋颂"苟为饶辩屈蹇之辞，竞陈诬罔不然之事"，《潜夫》引以为讥。见《潜夫论·务本》篇。诗又与议奏异状，无取数典，钟嵘所以起例，虽杜甫愧之矣。讫于宋世，小说、杂传、禅家、方技之言，莫不征引。夫以孙、许高言庄氏，杂以三世之辞，犹云风骚体尽，况乎辞无友纪，弥以加厉者哉？宋世诗势已尽，故其吟咏情性，多在燕乐。今词又失其声律，而诗尨奇愈甚，考征之士，睹一器，说一事，则纪之五言，陈数首尾，比于马医歌括。及曾国藩自以为功，诵法江西诸家，矜其奇诡，天下弩逐，古诗多诘诎不可诵。近体乃与杯珓谶辞相等，江湖之士，艳而称之，以为至美，盖自《商颂》以来，歌诗失纪，未有如今日者也。《诗品》云："经国文符，应资博古；撰德驳奏，宜穷往烈；至乎吟咏情性，亦何贵于用事。颜延之喜用古事，弥见拘束，于时化之，故大明、泰始中，文章殆同书钞。尔来作者，浸以成俗，遂句无虚语，语无虚字，拘挛补衲，蠹文已甚。"又云："任昉博物，动辄用事，所以诗不得奇。"寻此诸论，实诗人之药石。但颜、任诸公，足诒书钞之诮。方今作者，岂直书钞而已？比之歌括杯珓，夫岂失伦？物极则变，今宜取近体一切断之。唐以后诗，但以参考史事，存之可也，其语则不足诵。古诗断自简文以上，唐有陈、张、李、杜之徒，稍稍删取其要，足以继风雅，尽正变。夫观王粲之《从军》，而后知杜甫卑闟也；观潘岳之《悼亡》，而后知元稹凡俗也；观郭璞之《游仙》，而后知李贺诡诞也；观《庐江府吏》《雁门大守》叙事诸篇，而后知白居易鄙倍也。淡而不厌者陶潜，则王维可废也；矜而不逞者谢灵运，则韩愈可绝也。要之，本情性、限辞语则诗盛，远情性、喜杂书则诗衰。

　　《七略》次赋为四家，一曰屈原赋，二曰陆贾赋，三曰孙卿赋，四曰杂赋。屈原言情，孙卿效物，陆贾赋不可见，其属有朱建、严助、朱买臣诸家，盖纵横之变也。杨雄赋本拟相如，《七略》相如赋与屈原同次。班生以杨雄赋隶陆贾下，盖误也。然言赋者多本屈原，汉世自贾生《惜誓》，上接《楚辞》，《鹏鸟》亦方物《卜居》，而相如《大人赋》，自《远游》流变，枚乘又以《大招》《招魂》散为《七发》，其后汉武帝《悼李夫人》，班婕好《自悼》，外及淮南、东方朔、刘向之伦，未有出屈、宋、唐、景外者也。孙卿五赋，写物效情，《蚕》《箴》诸篇，与屈原《橘颂》异状，其后《鹦鹉》《焦鹩》，时有方物。及宋世《雪》《月》《舞鹤》《赭白马》诸赋放焉。《洞箫》《长笛》《琴》《笙》之属，宜法孙卿，其辞义咸不类。徐幹有《玄猨》《漏卮》《圆扇》《橘赋》诸篇，杂书征引，时见一端，然勿能得全赋。大氐孙卿之体微矣，陆贾不可得从迹。虽然，纵横者，赋之本。古者诵《诗》三百，足以专对。七国之际，行人胥附，折冲于尊俎间，其说恢张谲宇，绅绎无穷，解散赋体，易人心志，鱼豢称鲁连、邹阳之徒，"援譬引类，以解缔结，诚文辩之隽也"。武帝以后，宗室削弱，藩臣无邦交之礼，纵横既黜，然后退为赋家，时有解散。故用之符命，即有《封禅》《典引》；用之自述，而《答客》《解嘲》兴。文辞之繁，赋之末流尔也。杂赋有《隐书》者，传曰："谈言微中，亦可以解纷。"与纵横稍出入。淳于髡《谏长夜饮》一篇，纯为赋体，优孟诸家顾少耳。东方朔与郭舍人为隐，依以谲谏，世传《灵棋经》诚伪书，然其后渐流为占繇矣。管辂、郭璞，为人占皆有韵，斯亦赋之流也。自屈、宋以至鲍、谢，赋道既极，至于江淹、沈约，稍近凡俗。庾信之作，去古逾远，世多慕《小园》《哀江南》辈，若以上拟

《登楼》《闲居》《秋兴》《芜城》之俦，其靡已甚。赋亡盖先于诗，继隋而后，李白赋《明堂》，杜甫赋《三大礼》，诚欲为杨雄台隶，犹几弗及，世无作者，二家亦足以殿，自是赋遂泯绝。近世徒有张惠言，区区修补，《黄山》诸赋，虽未至，庶几李、杜之伦，承千年之绝业，欲以一朝复之，固难能也。然自诗、赋道分，汉世为赋者多无诗，自枚乘外，贾谊、相如、杨雄诸公，不见乐府五言，其道与故训相俪，故小学亡而赋不作。

汉世乐府，《七略》录为歌诗。上自郊祀，下讫里巷歊趣，皆见网罗。其外有《短箫铙歌》，李延年复依西域《摩诃兜勒》之曲，以造新声二十八解。魏晋之间，但歌《白纻》诸曲，犹有继者，声有曲折，故妃呼豨、几令吾之属，间杂声气。《铎舞》歌《圣人制礼乐篇》，其有散声益明。其辞载《宋书·乐志》，云"昔皇文武邪，弥弥舍善，谁吾时吾，行许帝道，衔来治路万邪，治路万邪。赫赫，意黄运道吾，治路万邪。善道明邪金邪，善道，明邪金邪帝邪。近帝武武邪邪，圣皇八音，偶邪尊来，圣皇八音，及来义邪同邪，乌及来义邪。善草供国吾，咄等邪乌，近帝邪武邪，近帝武邪武邪。应节合用，武邪尊邪，应节合用，酒期义邪同邪，酒期义邪，善草供国吾，咄等邪乌，近帝邪武邪，近帝武武邪邪，下音足木，上为鼓义邪，应众义邪，乐邪邪延否，已邪乌已礼祥，咄等邪乌，素女有绝其圣乌乌武邪"。此邪、乌、吾等字，皆是散声，《巾舞》歌《公莫篇》则以吾字、婴字、何字作散声。盖古歌曲被管弦者，皆一字一声，未有如今叠字者也，故不得不假散声以宣其气。宋人燕乐亦无叠字，而有散声。张炎《词源》所载哩、啰等字是也。今南方里巷小弄皆然，不失古法。至大曲，则皆叠字，古所谓郑声矣。寻《晋语》载惠公改葬共世子，臭达于外，国人诵之，曰："威兮怀兮，各聚尔有，以待所归兮，猗兮违兮，心之哀兮。"威、怀、猗、违，皆曲折咏叹之词，旧读以为有实义者，非也。乐府可歌，故其辞若自口出，后人虽欲摹拟，既失其音，皮之不存，毛将焉傅矣。然古人即辞题署，而后人虚拟其名，何世蔑有？《破斧》《候人》《燕燕于飞》诸篇，皆虞夏旧曲也。见《吕氏春秋·音初》篇。周之诗人，因其言以成己意，且周世里巷歌谣，本有《折杨》《皇华》，文见《庄子》。《皇华》即《小雅》之篇，而里巷袭其语。《折杨》以后，李延年二十八解复有云《折杨柳》者，此皆转相因袭者也。世言乐府声律既亡，后嗣不宜复作，此则今日俗词，宁合宋人宫律？然犹绵延勿替，何哉？乐府或时无韵，是犹《周颂》诸篇，不应常节，盖其逗留曲折，非韵所持，固诗之特异也。若乃古今异音，部类离合，代有迁变，文士不达其意，喜改今韵以就方言。词之末流，有甚于反舌者。而世或言乐府兴于巷陌，方国殊致，何必正音？不悟乐府虽变，其为夏音则同，未有泯乱大略者也。沙陀、契丹、金、元以降，多杂塞外方音。唐世所未淆乱，而皆猎其部次。夫载祀相隔，不逾肔稔，声韵乃远离其本，明自他族挟之以变，非自变也。按：《切韵》本考合南北正音，不失伦纪。《唐韵》因之，而《韵英》《考声》见于慧琳所引者，多与之异，如富、妇等字，读入鱼部，此乃秦音通转，非为讹误。宋世官韵犹未大变旧制，盖犹会合南北之音也。其词已渐有离合，至《乐府指迷》《词林韵释》，书皆出于宋世，而部署谲觚，全无友纪，殆不似人类之言，则宋世汴京方音，已大变于古昔矣。孙卿云："使夷俗邪音不敢乱雅，大师之事。"夫词与南北曲者，通俗之用，乐府则已古矣。蒙古异音，夏侯宽、杜夔诸公，岂能知其节邪？

　　或曰：李延年已采西域之音以为武乐，隋世亦有西凉、龟兹、天竺、康国、疏勒、安国诸部，今之词自龟兹乐来，何以见夷音不可用也？应之曰：四夷之乐用于朝会、祭祀、燕飨，自《周官》韎师、鞮鞻氏见其端。《小雅》曰"以雅以南"，传曰："东夷之乐曰昧，南夷之乐曰南，西夷之乐曰朱离，北夷之乐曰禁，以为籥舞。"朱离，《后汉书·班固传》作兜离，《白虎通义》省言兜。周时朱音如兜，兜离，则所谓摩诃兜勒也。西域即用梵语，摩诃译言大。兜勒、兜离译言声音高朗，其音本作"觩萝𧤴"，萝字弹舌，觩萝为形容语，若作名词，即是"觩勒𧤴"，但周汉无麻部音，故书作兜勒、兜离耳。离字古本音萝，《诗传》作朱离，音亦如兜萝。明自张骞以上，鞮鞻氏已用其声歌，然独王者施之，陈于门外，不及侯国。汉世变为新声，是乃因其节奏，而文字调均从中国，犹以假给边将，不及郡县。隋世龟兹乐盛行闾闬，文帝尚云"无复正声，不祥之大"，今之燕乐，即此胡戎歌也。其辞变夷从汉，亦与李延年同法。故自唐世已有短词，与官韵未相出入，此则名从主人，物从中国，古之制也。今纵不能复雅乐，犹宜存其节制，词已失其律度，南北曲复曼衍不可究论，然叶音宜以官韵为准。乐府者，最近古初，楚汉之声，存于江左，而隋唐谓之清商，隋文以为华夏正声，今江南、荆蜀诸莲弄其绪也，比于燕乐，尚清缓有士君子风，宜就古二十二部，稍稍为之分合，以存汉魏、两晋、江左遗声，于是有知律者，为之调其弦匏笙簧而已矣。

诸四言韵语者，皆诗之流，而今多患解弛。箴之为体，备于杨雄诸家，其语长短不齐。陆机所谓顿挫清壮者，有常则矣。自余四言，世多宗法李斯，间三句以为韵，其势易工。如其辞旨，宜本之情性，参之故训，稽之典礼，去其缛采，泯其华饰，无或糅杂故事以乱章句。先民有言，"既雕既琢，复归于朴"，此之谓也。近世曾国藩独慕《汉书·叙传》，四言之用，自汉世已衰，《叙传》虽非其至，自《雅》

《颂》以下，独有李斯、韦孟、杨雄、班固四家，复欲陵轹其上，固以难矣。韩愈稍欲理其废绝，辞已壮丽，博而不约，鲜温润之音，学之虽至，犹病傀怪，不至乃犷犷如豺狼声，讵非正以《雅》《颂》，其可为典刑耶？若夫碑版之辞，蝉嫣不绝，体以四言，末则不韵，此自汉碑已导其原，韩愈尚优为之，然唐人多喜造辞，近人或以为戒。余以为造辞非始唐人，自屈原以逮南朝，谁则不造辞者？古者多见子夏、李斯之篇，故其文章都雅，造之自我，皆合典言。后世字书既已乖离，而好破碎妄作，其名不经，雅俗之士所由以造辞为戒也。若其明达雅故，善赴曲期，虽造辞则何害？不然，因缘绪言，巧作刻削，呼仲尼以"龙蹲"，斥高祖以"隆准"，指兄弟以"孔怀"，称在位以"曾是"，此虽原本经纬，非言而有物者矣。

图书在版编目(CIP)数据

章太炎讲文字与文学/董婧宸编.—上海:上海
人民出版社,2021
（章太炎讲述系列）
ISBN 978-7-208-17499-3

Ⅰ.①章… Ⅱ.①董… Ⅲ.①汉字-文字学-文集 ②
中国文学-文学研究-文集 Ⅳ.①H12-53 ②I206-53

中国版本图书馆 CIP 数据核字(2021)第 251610 号

责任编辑 高笑红
封面设计 赤 徉

章太炎讲述系列

章太炎讲文字与文学

董婧宸 编

出　　版　上海人 A 出版社
　　　　　（201101　上海市闵行区号景路 159 弄 C 座）
发　　行　上海人民出版社发行中心
印　　刷　浙江新华数码印务有限公司
开　　本　889×1194　1/32
印　　张　6.25
插　　页　2
字　　数　140,000
版　　次　2021 年 11 月第 1 版
印　　次　2021 年 11 月第 1 次印刷
ISBN 978-7-208-17499-3/I·1994
定　　价　52.00 元